Bibliografische Information Der Deutschen Nationalbibliothek
Die Deutsche Nationalbibliothek verzeichnet diese Publikation in der Deutschen Nationalbibliografie; detaillierte bibliografische Daten sind im Internet über http://dnb.ddb.de abrufbar.

Michael Müller
Politisches Storytelling.
Wie Politik aus Geschichten gemacht wird
Schriften zur Rettung des öffentlichen Diskurses, 2
Köln: Halem, 2020

http://www.halem-verlag.de

Print: ISBN 978-3-86962-499-0
E-Book (PDF): ISBN 978-3-86962-500-3
E-Book (EPUB): ISBN 978-3-86962-501-0

ISSN 2699-5832

UMSCHLAGGESTALTUNG: Claudia Ott, Düsseldorf
UMSCHLAGFOTO: picture alliance / Reuters / Tobias Schwarz
LEKTORAT: Rüdiger Steiner
SATZ: Herbert von Halem Verlag
DRUCK: FINIDR, S.R.O., Tschechische Republik

Schriften zur Rettung des öffentlichen Diskurses

Michael Müller

Politisches Storytelling

Wie Politik aus Geschichten gemacht wird

HERBERT VON HALEM VERLAG

Die Reihe *Schriften zur Rettung des öffentlichen Diskurses*

Warum ist der Lager übergreifende öffentlich-demokratische Diskurs gefährdet, ja geradezu ›kaputt‹? Weshalb ist der öffentliche Wettbewerb auf dem Marktplatz der Ideen ins Stocken geraten? Und welche Rolle spielen dabei Digitalisierung und Algorithmen, aber auch Bildung und Erziehung sowie eskalierende Shitstorms und – auf der Gegenseite – Schweigespiralen bis hin zu Sprech- und Denkverboten?

Die Reihe *Schriften zur Rettung des öffentlichen Diskurses* stellt diese Fragen, denn wir brauchen Beiträge und Theorien des gelingenden oder misslingenden Diskurses, die auch in Form von ›Pro & Contra‹ als konkurrierende Theoriealternativen präsentiert werden können. Zugleich gilt es, an der Kommunikationspraxis zu feilen – und an konkreten empirischen Beispielen zu belegen, dass und weshalb durch gezielte Desinformation ein ›Realitätsvakuum‹ und statt eines zielführenden Diskurses eine von Fake News und Emotionen getragene ›Diskurssimulation‹ entstehen kann. Ferner gilt es, Erklärungen dafür zu finden, warum es heute auch unter Bedingungen von Presse- und Meinungsfreiheit möglich ist, dass täglich regierungsoffiziell desinformiert wird und sich letztlich in der politischen Arena kaum noch ein faktenbasierter und ›rationaler‹ Interessensausgleich herbeiführen lässt. Auf solche Fragen Antworten zu suchen, ist Ziel unserer Buchreihe.

Diese Reihe wird herausgegeben von Stephan Russ-Mohl, emeritierter Professor für Journalistik und Medienmanagement an der Università della Svizzera italiana in Lugano/Schweiz und Gründer des *European Journalism Observatory*.

»In einer narrativen Gesellschaft, so meine Hoffnung, ließen sich quantitative Kriterien weniger leicht als qualitative verkaufen.«

Jonas Lüscher,
Ins Erzählen flüchten, 2020: 63

Inhaltsverzeichnis

EINLEITUNG: GESCHICHTEN? WELCHE GESCHICHTEN?

Warum man über Storys sprechen muss, wenn man über Politik spricht

Geschichten, Erzählungen, Storys und Narrative sind in gesellschaftlichen oder politischen Diskursen, Diskussionen und Prozessen allgegenwärtig, ob auf der Oberfläche sichtbar oder auf den ersten Blick unsichtbar in den Strukturen. Wenn man sich, so meine These, mit Politik und gesellschaftlicher Meinungsbildung beschäftigen will, dann muss man sich auch mit Storytelling beschäftigen – sonst kann man einen wesentlichen Teil der Diskurse und Prozesse nicht verstehen.

Ich weiß: Viele Menschen haben eine emotional-wertende Haltung zu diesen Begriffen, seit Wörter wie ›Storytelling‹ oder ›Narrativ‹ Modebegriffe (›Buzzwords‹) geworden sind – eine Haltung mit positiver oder negativer Ausprägung, je nach den Bedeutungsinhalten, die man mit ihnen verbindet. Der Begriff ›Storytelling‹ hat vor allem im Unternehmens- und Marketing-Kontext Karriere gemacht, der des ›Narrativs‹ im Feuilleton und in den Geistes- und Gesellschaftswissenschaften. Die Ablehnung dieser Begriffe bezieht sich allein auf die Häufigkeit, mit der man diesen Begriffen begegnet; nicht selten hört man in den entsprechenden Kontexten den Seufzer »Ich kann's nicht mehr hören! Alles ist heute Storytelling / alles sind auf einmal Narrative!« Der sich darin ausdrückende Überdruss ist natürlich auch einem inflationären und häufig nicht sehr reflektierten Gebrauch dieser Begriffe geschuldet.

Gerade im Unternehmenskontext, in dem ich unter anderem als Berater unterwegs bin, höre ich oft die abenteuerlichsten ›Definitionen‹ von ›Storytelling‹: Da sind dann emotionale Kommunikation, der Gebrauch von Metaphern oder ein Interview schon Storytelling. Man benutzt den schicken Begriff, um die eigene Kommunikation aufzuhübschen. Eine wirkliche Geschichte, die aus einem Anfang, einer Mitte, in der eine Veränderung geschieht und einem Ende besteht (wie schon Aristoteles wusste), ist da häufig nicht zu finden. Ähnlich im Feuilleton: Wenn zum Beispiel vom »Narrativ der Abstimmung« auf einem Parteitag geschrieben wird, dann ist beim besten Willen nicht zu sehen, wo da der aristotelische Dreiklang verborgen sein soll.

Aber: Auch scheinbar noch so berechtigter Überdruss sollte uns nicht davon abhalten, uns mit Geschichten und Narrativen zu beschäftigen. Der Grund ist einfach: Sie sind »immer und überall«, wie man frei nach dem bekannten Songtext der »Ersten Allgemeinen Verunsicherung« sagen könnte.

Über diesen einfachen Überdruss hinaus gibt es in unserer Kultur aber auch ein tiefer sitzendes Misstrauen gegen das Erzählen. Wieder einmal deutlich wurde dies im Dezember 2018 im Zuge des Relotius-Skandals. Dabei wurde aufgedeckt, dass Claas Relotius, ein mit Preisen überhäufter junger Reporter, der unter anderem für den *Spiegel* schrieb, sehr viele seiner Reportagen in Details oder zur Gänze gefälscht hatte. In die Aufarbeitung dieses Skandals mischten sich auch Stimmen, die dem Erzählen – für das Genre der Reportage ja fundamental – eine

Mitschuld an den Fälschungen gab. So schrieb etwa die *taz*: »An Journalistenschulen lernt der Nachwuchs, dass Reportagen beim Leser ›Kino im Kopf‹ erzeugen sollen, dass ein guter Text starke ›Protagonisten‹ braucht und einen ›Konflikt‹, dass die ›Dramaturgie‹ des Textes wichtig ist. Man lernt, die Texte nicht Artikel zu nennen, sondern ›Geschichten‹. Journalistenschüler belegen ›Storytelling‹-Seminare, als schrieben sie für Netflix.«[1] Ähnlich kritische Haltungen gegenüber einer zu starken Betonung des Erzählerischen im Journalismus wurde in vielen Medien geäußert; die Storytelling-Beraterin Petra Sammer hat auf der Online-Plattform LinkedIn eine kritische Zusammenfassung dieser Stimmen geschrieben.[2]

In bestimmten Kontexten – etwa im Journalismus oder auch in der Politik – ist offenbar das Geschichtenerzählen in Verruf geraten. Hinter vielen Reaktionen auf den Relotius-Skandal steht implizit die Forderung, das Erzählen solle zurückkehren zu den ihm angestammten Bereichen der Literatur, des Films und anderer Fiktionen, und es sei aus Bereichen, die es mit ›Wahrheit‹ und Argumenten zu tun haben, zu verbannen. Zu gefährlich scheint das Erzählen als eine Form, in der sich Wahrheit und Fiktion auf undurchschaubare Weise mischen und die einen dramaturgischen Schleier vor die argumentative Auseinandersetzung mit der Realität hängt. Der angestammte Bereich des Erzählens, so legen diese Haltungen nahe, sei die Unterhaltung im weitesten Sinne: Film, Roman, Kunst, etc. Wenn es ernst wird – in der Politik, in der Wirtschaft – habe das Erzählen allenfalls als ausschmückender Schnörkel seine Rechte, aber sonst gehe es eben um harte Fakten und sachliche Argumente.

Doch ganz so einfach ist es mit dem Erzählen nicht. Narrative Strukturen liegen sehr vielen Diskursen zugrunde, Narrative stecken, sichtbar oder verborgen, in zahlreichen Kommunikationen im Alltag und in den Medien. Narrative Strukturen bestimmen unser Denken sehr viel stärker, als die meisten von uns ahnen.

Wir sind in gewisser Weise tatsächlich »Storytelling Animals«, wie es der amerikanische Autor Jonathan Gottschall behauptet (GOTTSCHALL 2012). Die narrative Psychologie, eine in den 1980er-Jahren entstandene, ständig an Gewicht gewinnende Forschungsrichtung, beschäftigt sich mit dieser fundamentalen Bedeutung, die Geschichten und narrative Strukturen für uns Menschen haben (vgl. z.B. BRUNER 1986; SARBIN 1986; LÁSZLÓ 2008), in den letzten beiden Jahrzehnten sekundiert von der Gehirnforschung (z.B. ROTH 2003). Die Art und Weise, wie wir Kausalitäten herstellen, Erlebnissen und Ereignissen einen Bedeutungsrahmen und damit Sinn geben, ist die der narrativen Strukturen, Geschichten, Erzählungen. Allein schon deshalb kann sich Politik nicht darum drücken, sich mit Storytelling zu beschäftigen. Und Storytelling zu betreiben, wenn sie die Menschen wirklich erreichen will.

Aber was bedeutet ›Storytelling‹ im politischen Bereich? Sieht man sich, ohne Anspruch auf Vollständigkeit, einmal an, wie der Begriff ›politisches Storytelling‹ in Alltag und Medien verwendet wird, kristallisieren sich folgende drei Bedeutungen heraus:

- Politisches Storytelling als ein rein unterhaltendes Element, um damit Reden mit Anekdoten und launigen Schnurren zu würzen und unterhaltsamer zu machen. Politisches Überzeugen aber, so die Perspektive dieser Haltung, geschehe ›natürlich‹ immer noch mit Argumenten.
- Politisches Storytelling als ein rhetorisches Stilmittel, mit dessen Hilfe politische Programme und Argumente besser an die Frau / den Mann gebracht werden können. Diese Bedeutung ist, dank der Popularisierung des »Buzzwords« Storytelling, zurzeit die wohl am meisten verbreitete: Politiker, die von der Kraft des Erzählens gehört haben, hoffen, es genüge eine gute Geschichte, um Menschen dazu zu bringen, auf den Wahlzetteln das Kreuz an der richtigen Stelle zu machen. »Narration als Gleitmittel für trockene Zahlen«,

wie es der Schriftsteller und Philosoph Jonas Lüscher ausdrückt (LÜSCHER 2020: 66).

- Politisches Storytelling als strategische Maßnahme, bei der ein bestimmter Strauß von Geschichten oder Geschichten-Formen geschnürt wird, der eine politische Haltung ausdrücken soll. In diesem Sinn wird der Begriff nicht selten von Agenturen verwendet, die Politiker oder Parteien im Wahlkampf unterstützen.

Natürlich drücken all diese Bedeutungen Qualitäten von Geschichten und Erzählen aus. Und doch greifen sie, isoliert betrachtet, zu kurz: Wer glaubt, es genüge, politische Argumente in eine schöne Geschichte zu verpacken, um die Herzen und Hirne der Menschen zu erreichen, wird schnell frustriert sein. Denn das Erzählen als Weise der Welt- und Sinnerzeugung steht in vielerlei Interdependenzen und Zusammenhängen, die es zu berücksichtigen gilt. Und dazu kommt natürlich, wie an der Diskussion der Relotius-Affäre deutlich wurde, auch noch eine ethische Komponente, ohne die schnell ›Fake Storys‹ oder stark manipulative Geschichten Terrain gewinnen.

Neben diesen gängigen Begriffen von Storytelling will sich dieses Buch jedoch mit weiteren Formen des politischen Storytelling, oder besser gesagt, mit der narrativen Ebene in der Politik beschäftigen, eben weil die gängigen Begriffe zu kurz greifen. Politische Geschichten funktionieren nämlich dann gut, wenn sie Narrative benutzen, die in der Gesellschaft entweder seit langem verwurzelt oder gerade im Trend sind. Ein Beispiel: Die antiislamischen Geschichten der Rechtspopulisten finden auch deshalb viel Anklang, weil sie an das alte europäische Trauma-Narrativ ›Die Türken vor Wien‹ anspielen. Und die Grünen stehen jetzt, da ich dies im Frühjahr 2020 schreibe, auch deshalb relativ hoch in der Wählergunst, weil sie – zumindest bis zur Corona-Krise – vom Trendnarrativ ›Fridays for Future / Klimaschutz‹ profitieren. Das heißt, es kommt nicht nur darauf an, welche Geschichten man als Politiker oder als Partei erzählt, sondern vor allem auch darauf, wie resonant die eigenen Geschichten – und die anderen Inhalte, die man kommuniziert, – in der Gesellschaft sind. Und um diesen Resonanzboden oder Humus kennenzulernen, muss man Zuhören lernen. Die drei oben genannten Begriffe von ›politischem Storytelling‹ greifen nämlich auch deshalb zu kurz, weil sie nur auf das ›Telling‹ starren. Das ›Listening‹ ist die zweite, wichtigere Seite der Medaille: Wer erfolgreich mit Geschichten und Narrativen in politischen und gesellschaftlichen Kontexten arbeiten will, muss sich die Zeit nehmen, den Geschichten und Narrativen zuzuhören, die in unserer Gesellschaft von Gruppen und Indivduen erzählt werden.

Die meisten Politiker glauben an Argumente und Fakten. Sie denken in guter aufklärerischer Tradition, dass man Menschen überzeugen kann, indem man ihnen die besseren Fakten präsentiert und auf deren Basis gut argumentiert. Das mag in Einzelfällen auch klappen, aber nicht in der Masse. Seit der Aufklärung im 18. Jahrhundert haben wir uns angewöhnt, unsere Vernunft heillos zu überschätzen. Wir haben seit Adam Smith immer wieder versucht, zu glauben, dass unsere Märkte und damit unsere gesamte Ökonomie über den rationalen Austausch von Informationen funktioniert, auch wenn die Wirklichkeit Gegenbeispiele am laufenden Band liefert: von der Tulpenspekulation in den Niederlanden des 17. Jahrhunderts bis zur Bankenkrise 2008, wo eher Emotionen und Affekte – Angst, Gier, Selbstüberschätzung – das Zepter führten, und nicht die Vernunft. Die Protagonisten dieser Beispiele verhielten sich eben nicht ›vernünftig‹ im klassischen Sinn, sondern agierten und agieren innerhalb bestimmter Narrative, etwa dem Narrativ vom unendlichen Wachstum, dem Narrativ der eigenen Grandiosität (›Masters of the Universe‹), dem Narrativ der Belohnung von Leistung (Meritokratie-Mythos) etc. Auch in der Politik erreichen Argumente vielleicht einzelne Menschen – aber große Massen erreicht man mit Narrativen und Geschichten, die auf Resonanz stoßen. Übrigens liegt dahinter keine Unterscheidung nach Bildungsgraden, getreu dem Motto: Die tumbe Masse weiß es nicht besser, aber die Gebildeten erreicht man mit Argumenten. Wir Menschen sind ›Storytelling Animals‹ und wir denken in weiten Bereichen in narrativen Strukturen. Ich bin mir ziemlich sicher, dass auch diejenigen, die Argumente verstehen und akzeptieren, dies im Wesentlichen tun, weil diese Argumente ein bevorzugtes Narrativ, eine Lieblingsgeschichte füttern. Wer grundsätzlich eher rückwärtsgewandten Narrativen anhängt (früher war alles besser), dem werden Argumente und Fakten, die zu belegen scheinen, dass Computernutzung Menschen dumm macht, eher einleuchten als Menschen, die einem technikoptimistischen Zukunfts-Narrativ glauben. Und Menschen, deren zentrales Narrativ ein umwelt-apokalyptisches Untergangsszenario ist, werden Fakten und Zahlen, die das Fortschreiten der Umweltzerstörung belegen, eher glauben als Argumenten, warum die Umwelt in Wahrheit gar nicht bedroht sei. Und umgekehrt. Das heißt: Mit Fakten und Argumenten erreicht man in der Regel diejenigen, die sich davon erreichen lassen wollen (oder können; denn manche Narrative sind auch Gefängnisse, in die man heillos verstrickt sein kann).

Nichts liegt mir ferner, als anti-aufklärerisch zu argumentieren. Die Entdeckung der Vernunft im 18. Jahrhundert und der Versuch, viele Lebensbereiche (auch) rational zu verhandeln, inklusive der Entstehung der modernen Wissenschaft, ist unschätzbar. Aber wir – die westliche Kultur – waren so froh über die Entdeckung der Vernunft, dass wir sie eben maßlos überschätzten. Nicht nur, aber auch und vor allem sichtbar wird diese Überschätzung in der Politik. Als in Deutschland ab 2015 rechtspopulistische Strömungen immer stärker wurden, war die Verwunderung vieler Politiker und Journalisten über die Tatsache groß, dass Anhänger von Bewegungen wie ›Pegida‹ und

Parteien wie der AFD ganz offenbar Argumenten nicht zugänglich waren: Wenn man einem Pegida-Anhänger in Dresden vorrechnete, dass in seiner Stadt nur sehr wenige islamische Ausländer lebten, dort also von einer ›Islamisierung des Abendlandes‹ keine Rede sein konnte, führte dieses Argument in der Regel zu keinerlei Einsicht; die Islamisierung komme schon noch, in anderen Teilen Deutschlands sei sie schon viel weiter etc. In einer Dokumentation der Panorama-Redaktion des ZDF kann man diese ›Vernunft-Verweigerung‹ anschaulich miterleben.[3] Das ist wie in dem alten Witz: Vier Männer sitzen am Stammtisch, trinken, schweigen. Nach längerer Zeit sagt der Erste: »Was stinkt denn da so?« Schweigen. Dann sagt der Zweite: »Das sind die Hunde.« Wieder Schweigen. Der Dritte schaut unter den Tisch: »Sind gar keine da!«. Wieder Stille, worauf der Vierte sagt: »Die werden schon noch kommen!«

Wenn man davon überzeugt ist, in einer Welt zu leben, in der Argumente und Fakten regieren, bleibt einem vieles unerklärlich. »Jetzt habe ich es schon tausend Mal erklärt, aber die kapieren es immer noch nicht!« Diesen Stoßseufzer vieler Lehrer kennen wohl auch zumindest diejenigen Politiker sehr gut, die an der Basis und ›vor Ort‹ unterwegs sind. Und sowohl die Lehrer als auch die Politiker (und auch viele Journalisten) erklären es dann noch einmal, und noch einmal, und versuchen immer wieder, mit Argumenten ihre Gegenüber von der Unvernunft ihrer Haltung zu überzeugen. ›Immer mehr vom Gleichen‹ heißt diese Strategie, die eine der erfolglosesten überhaupt ist und nur von jemandem gewählt werden kann, dessen Weltsicht keinen Ausweg erlaubt: Entweder man überzeugt rein rational oder gar nicht. Die tiefsitzende Überzeugung, dass ernstzunehmende Politik mit Vernunft und Argumenten gemacht werde, verhindert die Suche nach anderen Lösungen. Denn vielleicht könnte man es ja einmal mit einem neuen Narrativ oder mit einer Geschichte probieren?

Doch wie oben schon angeklungen ist, hat das Erzählen einen zweifelhaften Ruf. Oder besser gesagt: zweierlei Ruf. In Literatur und Film ist »Storytelling« zurzeit eher gut angesehen, nach den großen Zweifeln zwischen den 1970er- und den 1990er-Jahren, in denen im Literaturdiskurs oft sogar ein ›Ende des Erzählens‹ ausgerufen wurde. Die meisten jüngeren Romanautoren würden sich heute ohne große Hemmungen als Erzähler bezeichnen, während andere – wie zum Beispiel Lukas Bärfuss, dessen Ausruf »Hört auf mit euren Geschichten!« Jonas Lüscher kritisch in seinen Poetikvorlesungen zitiert (LÜSCHER 2020: 18) – immer noch ein gutes Stück Skepsis gegen das Erzählen kultivieren. Im Journalismus hat der Ruf des Erzählens, der auch hier in den letzten 10 bis 20 Jahren in Blüte stand, mit dem erwähnten Relotius-Sandal im Dezember 2018 einen Dämpfer erhalten. In Marketing und PR erlebt das Storytelling einen Boom, in den sich jedoch auch kritische Stimmen mischen: Wenn alle auf Teufel komm raus ihre Geschichten erzählen, ist Storytelling dann noch geeignet, einen Unterschied im Krieg um die Aufmerksamkeit zu machen? Über diese Formen eines reinen ›Storytelling‹ hinaus werden narrative Ansätze in der Medizin, in Psychotherapie und Coaching, in der Ökonomie, in der Organisationstheorie, in der gesellschaftlichen und politischen Diskursanalyse entdeckt. Die Aufmerksamkeit für das Erzählen, die Geschichten und die Narrative und was man damit alles machen kann, ist also in den letzten Jahren stark gestiegen – mit positiven wie negativen Ausprägungen. Die positiven Annahmen zum Erzählen berufen sich, wie erwähnt, auf neuere Erkenntnisse von Hirnforschung und narrativer Psychologie, die negativen neben dem ebenfalls erwähnten Überdruss vor der Ubiquität der ›Buzzwords‹ vor allem auf den Verdacht, Geschichten seien manipulativ, bzw. mit Geschichten könne man besonders gut manipulieren. Gerade an diesem Manipulationsverdacht machen sich wohl vor allem auch die Bewertungen von ›Storytelling‹ im politischen Raum fest:

Einerseits das Unbehagen, sich des Verdachts der Manipulation ausgesetzt zu sehen, andererseits jedoch auch die Einsicht in die Notwendigkeit der Manipulation – wenn man diesen Begriff einmal als wertfrei betrachtet, als ein Mittel, Realitätskonzepte so zu konstruieren, dass sie Menschen anspricht. Ich werde in diesem Buch auch darauf eingehen, was ›Manipulation‹ im Zusammenhang mit dem Erzählen bedeuten kann. Nur soviel vorab: Die Vorstellung von einer Kommunikation, die absichtslos nur von ›Wahrheiten‹ handelt, ist pure Fiktion. Es gibt keine kontextlose Wahrheit, Annahmen über die Realität sind immer die einer bestimmten Person, einer bestimmten Gruppe. Eine Geschichte zu erzählen bedeutet daher immer, sie aus einer bestimmten Perspektive zu erzählen. Wenn mir das als Rezipient bewusst ist, habe ich Distanz zwischen die Geschichte und mich gelegt und bin weniger manipulierbar (wenn man Manipulation einmal so versteht, dass jemand unbemerkt zu einem Handeln gebracht wird, das er von sich aus so nicht ausführen würde).

Geschichten, Storys, Narrative – ich werde auf die unterschiedlichen Bedeutungen dieser Begriffe noch eingehen –, sind ein wesentlicher, unverzichtbarer Bestandteil menschlicher Gesellschaften, und zwar jeder menschlichen Gesellschaft, ob in der Antike oder heute – auch wenn es uns oft so vorkommt, als ob erst unsere ›Mediengesellschaft‹ nach Geschichten verrückt sei. Natürlich wurde immer erzählt: Klischeehaft denken wir an die Lagerfeuer der Höhlenbewohner oder an die bäuerlichen Kachelöfen an langen Winterabenden. Über dieses unterhaltende oder belehrende Erzählen hinaus bilden aber Geschichten, narrative Strukturen, auch eine wesentliche Klammer, die Gesellschaften, Gruppen, Völker oder Kulturen zusammenhalten. Mythische oder religiöse Erzählungen über die Entstehung der Welt, der eigenen Gruppe oder der Regeln, nach denen wir leben, definieren Gesellschaften oder Gruppen: Woher kommen ›wir, die Griechen‹ (im Gegensatz zu den Barbaren) warum sind wir das auserwählte

Volk, wie eint uns der Glaube an einen Gott und die Geschichten, die sich um ihn ranken, oder wie entstand die Demokratie und mit der Aufklärung das Wertesystem, dem wir uns als kultureller ›Westen‹ verpflichtet fühlen? All dies beruht auf Geschichten, Erzählungen, Narrativen, die eine Gruppe oder Gesellschaft teilt und über die sie sich definiert. Dabei gibt es eher inkludierende narrative Systeme, die relativ offen sind für Menschen, die Teil davon werden wollen, und eher exkludierende, die eine starke Grenze etablieren und damit die meisten Menschen ausschließen. Das klassische Narrativ der USA als Einwanderungsland, in dem jeder sein Glück suchen kann, ist ein inkludierendes, das Trump in ein exkludierendes zu verwandeln sucht. Viele Religionen sind einerseits inkludierende Story-Welten, wenn es um die Missionierung ›heidnischer‹ Völker geht, und zugleich exkludierende, wenn es gilt, Häretiker, Abweichler, Regelbrecher im Inneren auszuschließen (historisch häufig final). Und es gibt eher offene gesellschafts-konstituierende Story-Welten und eher geschlossene. Offene narrative Systeme sind solche, die nur wenige Basis-Narrative oder Geschichten voraussetzen, um Gemeinsamkeit zu schaffen und ansonsten ganze Bündel inkludierender Sinn-Narrative zulassen, solange sie nur mit dem Basis-Narrativ kompatibel sind. Geschlossene Story-Welten dagegen sind solche, die den Glauben oder zumindest die Akzeptanz eines ganz genau festgelegten Geschichten-Systems voraussetzen, um Zugehörigkeit zu definieren. Das ›christliche Abendland‹ des Mittelalters war ganz klar ein geschlossenes narratives System (man musste genau die Geschichten (und ›Wahrheiten‹), die in der Bibel standen, für zutreffend (oder tatsächlich geschehen) halten, und zwar alle, und nur sie. Unsere Gesellschaft ist eher offen, ›offiziell‹ gibt es nur wenige grundlegende Werte, Auffassungen und Narrative, deren Akzeptanz tatsächlich vorausgesetzt wird, etwa die Menschenrechte, das Grundgesetz und die Tradition eines aufklärerischen Liberalismus (ich meine hier explizit nicht den Wirtschaftsliberalismus!). Von konservativer und vor allem von rechtspopulistischer Seite wird in den letzten Jahren verstärkt diskutiert, wie offen wir eigentlich sein wollen: Fragen wie die, ob der Islam zu Deutschland gehört, schließen potenziell nicht nur Menschen islamischen Glaubens aus, sondern implizieren – in der Aktivierung des alten europäischen Narrativs vom Kampf des Islam gegen das Christentum –, dass das Christentum dagegen zu Deutschland gehört, und letztlich eine Inklusionsvoraussetzung ist. Auch Begriffe wie die des »Biodeutschen« (Biofranzosen, Biopolens, etc.) implizieren, dass Dazugehören über ein historisches Narrativ der Abstammung definiert sei. Dies ist übrigens ein besonders exkludierendes Narrativ, da es für nicht Dazugehörende niemals einholbar ist: Eine deutsche Abstammungsreihe kann ich, anders als eine Religionszugehörigkeit, als Neubürger niemals erreichen.

Politisches Storytelling in einem weiten Sinn bedeutet also auch die Erkenntnis, dass Geschichten, Narrative immer schon da sind: Unsere Welt, unsere Gesellschaft ist alles, was erzählt wird. Es sind die Narrative und Geschichten, in die wir hineingeboren, mit denen wir aufgewachsen sind, die wir selbst erlebt oder über die Medien rezipiert und die wir vielleicht auch ein wenig selbst mitgestaltet haben. Und die unsere Gesellschaft, ihre Überzeugungen und Werte, ihre Sinnangebote und Zukunftsvorstellungen ganz wesentlich definieren. Wir sind *In Geschichten verstrickt*, wie es der Philosoph Wilhelm Schapp in seinem Buchtitel (SCHAPP ^{4}2004) formulierte.

Politische Willens- und Meinungsbildung und gesellschaftliche Diskurse spielen auf dieser Klaviatur der Geschichten, Narrative und Meta-Narrative, ob sie wollen oder nicht, ob ihnen das bewusst ist oder nicht. Wesentlicher Teil jedes politischen Handelns ist der Umgang mit Geschichten und Narrativen. Auch wer glaubt, man könne rein mit Argumenten Gesellschaft verändern oder politische Willensbildung betreiben, arbeitet in Wirklichkeit auf dem Humus der Narrative und vielleicht lässt er mit seinen Argumenten eine Saite mitklingen, die die Melodie eines alten Narrativs oder eines, das gerade im Trend ist, spielen kann. Man kann all die Geschichten, in die wir verstrickt sind, wahrzunehmen und zu analysieren versuchen oder man kann sie ignorieren – da sind sie allemal.

Das Misstrauen oder die Reserviertheit gegenüber Geschichten rührt meiner Einsicht nach hauptsächlich daher, weil in unserer Gesellschaft ›narrative Kompetenz‹ unterrepräsentiert ist, auch bei Journalisten, vor allem aber bei Politikern und anderen gesellschaftlichen Gruppen, die relevante Diskurse mittragen. Unter ›narrativer Kompetenz‹ verstehe ich nicht so sehr die Fähigkeit, Geschichten erzählen zu können, sondern zu wissen, welche Funktionen Geschichten und Narrative in gesellschaftlichen Diskursen übernehmen, wie Sinn und Werte auch und vor allem durch Narrative etabliert und kommuniziert werden und was die Stellschrauben sind, an denen an Geschichten gedreht werden kann, um, positiv ausgedrückt, politische Meinungsbildung zu betreiben, oder negativ formuliert, zu manipulieren. Denn wie ich noch ausführen werde, benutzen beide Handlungsweisen die gleichen Werkzeuge. Entscheidend ist jedoch, mit welcher ethischen Haltung das geschieht. Meine Plädoyers für Schritte in Richtung der Rettung des politischen Diskurses – unter diesem Titel erscheint ja diese Buchreihe – sind daher folgende:

- Wir müssen uns klar machen, dass gesellschaftliche Diskurse, politische Meinungs- und Willensbildung, politische und gesellschaftliche Sinn- und Wertestiftung stark über Geschichten, Erzählungen und Narrative geschehen – ob uns das bewusst ist oder nicht, ob uns das passt oder nicht.
- Ähnlich wie wir wissen, dass und wie Fotos in der digitalen Welt bearbeitet, manipuliert und mit neuen Bedeutungsakzenten versehen werden können, muss uns auch bewusst werden, welchen Status Geschichten und Narrative bezüg-

lich der Realität haben und in welcher Weise diesbezüglich Akzente gesetzt bzw. manipuliert werden können. Kurz: Es geht auch darum, zu erkennen, was die Stellschrauben beim politischen Storytelling sind.
- Auf der Basis einer solchen Kompetenz lohnt es sich dann, sich Gedanken über eine Ethik des politischen Storytelling zu machen. Denn Fake News stehen ja selten als bloße Fakten im Raum, sondern sind eingebettet in Geschichten und Narrative.
- Und schließlich geht es mir um ein Plädoyer dafür, dass die grundlegende Arbeit einer politischen Bewegung, Partei oder Gruppierung darin besteht, einen Weg in die Zukunft zu öffnen, was bedeutet, anschlussfähige Sinn-Narrative anzubieten. Wenn die politischen Parteien und Bewegungen der Mitte solche sinnstiftenden Zukunfts-Narrative nicht anzubieten wissen – und die meisten der etablierten Parteien in Deutschland, aber auch in vielen anderen Ländern, tun dies zurzeit nicht – füllen rechtspopulistische Bewegungen mit ihren rückwärtsgewandten Narrativen das Vakuum.

Dieses Buch will dazu beitragen, über diese Zusammenhänge mehr Klarheit zu schaffen. Und es will natürlich auch Politiker und alle politisch Denkenden und Handelnden dazu anzuregen, die Ebene der Geschichten einer Gesellschaft wahrzunehmen und mit ihr zu arbeiten.

Geschichten, Erzählungen, Narrative: Eine kurze Klärung der Begriffe

Ich habe bisher die Begriffe ›Geschichte‹, ›Erzählung‹ oder ›Narrativ‹ gewissermaßen ›naiv‹ gebraucht, sie also nicht erklärt, sondern mich darauf verlassen, dass die Leserinnen und Leser ein Vorverständnis haben, was damit gemeint sei. Vermutlich hat dies ganz gut funktioniert, vielleicht am wenigsten gut bei dem Begriff ›Narrativ‹, der am seltensten in der Alltagssprache vorkommt. Aber vielleicht haben wir auch nur gemeint, dass wir alle dasselbe darunter verstehen, und in Wirklichkeit versteht – zumindest in Nuancen – jeder von uns etwas anderes darunter. Allerdings wäre dies wohl der Normalfall bei abstrakten Begriffen.

Hier also eine Klärung dieser Begriffe, deren genaue Bedeutung häufig im Ungefähren bleibt – auch in den Medien. Der Begriff des ›Narrativs‹ ist so ein Begriff. Nun kann eine gewisse Randunschärfe natürlich durchaus auch produktiv sein, weil durch die so entstehende Offenheit unterschiedliche Dinge darunter subsumiert werden und Diskurse in neue, bisher nicht vorgesehene Richtungen entwickelt werden können. Voraussetzung für eine kreative Randunschärfe ist allerdings eine Kernprägnanz eines Begriffs, die ein gemeinsames Basisverständnis garantiert. Um eine solche Kernprägnanz geht es mir, wenn ich hier ganz kurz und (hoffentlich) ohne langweilige technische Details die Begriffe ›Narrativität‹, ›Narrativ‹, ›Geschichte‹, ›Erzählung‹ und ›Aktanten‹ erläutere, die in diesem Buch immer wieder vorkommen (vgl. dazu auch MÜLLER 2019).

Abb 1: Die narrative Grundstruktur

Narrativität besitzt ein Kommunikationsakt, wenn er diejenigen Merkmale aufweist, die schon Aristoteles in seiner *Poetik* formuliert hat: einen Anfang, eine Mitte und ein Ende (vgl. ARISTOTELES 1982: 25). Ein wenig genauer könnte man es folgendermaßen definieren: Narrativität liegt dann vor, wenn ein Kommunikationsakt

- ein Geschehen mit einem zeitlichen Ablauf abbildet;
- ein Ausgangszustand, (mindestens) ein Ereignis und ein Endzustand geschildert werden und
- das Ereignis eine Veränderung auslöst, die einen Unterschied zwischen Endzustand und Ausgangszustand herstellt.

Die drei Sätze »Peter ist einsam und unglücklich. Peter verliebt sich in Marie. Peter und Marie sind ein glückliches Paar.« geben eine basale narrative Struktur wieder, die Satzfolge verfügt also über Narrativität. Narrative, Geschichten und Erzählungen haben gemeinsam, dass sie über Narrativität verfügen, also eine narrative Struktur haben. Mit dieser Definition, die natürlich einerseits auf Aristoteles, andererseits aber auf den amerikanischen Literaturwissenschaftler Gerald Prince (vgl. PRINCE 1973) zurückgeht, kann man narrative Äußerungen von anderen klar unterscheiden – auch wenn im Alltag oder in den Medien alles Mögliche als ›Geschichte‹ bzw. als ›Storytelling‹ bezeichnet wird: JournalistInnen sprechen von ›ihrer Story‹, auch wenn sie in Wirklichkeit ›Thema‹ meinen, häufig wird die bloße Emotionalität von Inhalten als ›Storytelling‹ bezeichnet. Oder die Verwendung von Metaphern oder – wie bei Instagram-Storys – das Abbilden eines alltäglichen Vorgangs in einem Video. All das ist kein Storytelling, kein Erzählen. Was dabei entsteht, sind keine Geschichten – auch wenn die Kommunikationsakte ansonsten noch so interessant sein mögen.

Ein *Narrativ* ist eine direkt (explizit) oder indirekt (implizit) geäußerte oder von Äußerungen ableitbare narrative Struktur. Das klingt komplizierter, als es ist. Ein Beispiel, auf das ich später noch ausführlich eingehen werde, ist das Leistungs-Narrativ, das in unserer Gesellschaft und in politischen Diskursen fast allgegenwärtig ist. Viele in unserem Land sind zutiefst davon überzeugt, dass wir in einer sogenannten ›Meritokratie‹ leben, dass also Leistung, Anstrengungen und Bemühen notwendig sind und in aller Regel zu Erfolg und gesellschaftlichem Aufstieg führen. Dahinter steckt eine narrative Struktur: »X ist nicht wohlhabend/gesellschaftlich nicht anerkannt. X bringt große Leistung. X ist wohlhabend und gesellschaftlich gut situiert.« Dies ist das Leistungs-Narrativ, das durch zahlreiche Einzelgeschichten (Erfolgsgeschichten) von Individuen immer wieder erzählt und damit scheinbar bestätigt wird. Viele empirische Untersuchungen kommen dagegen zu dem Ergebnis, dass Erfolg in unserer Gesellschaft eher der Herkunft, einer dieser entsprechenden Bildung, Netzwerken oder schlicht dem Zufall zuzuschreiben ist. Leistung sei allenfalls einer der Faktoren, aber keine notwendige Prämisse für Erfolg.

Solche Narrative definieren die Glaubenssätze und Grundüberzeugungen einer Kultur, einer Gesellschaft; sie drücken unsere Erklärungen aus, wie etwas wird, woher etwas kommt und wie Dinge zusammenhängen. Narrative sind wesentliche Muster, mit denen wir uns unsere (tatsächlichen oder vermeintlichen) Erfahrungen erklären (vgl. BRUNER 1986: 13).

Auch der Begriff des ›Narrativs‹ ist wie der des Storytelling in den letzten Jahren etwas inflationär benutzt worden, dennoch ist er ein sinnvoller und sehr nützlicher Begriff: Es sind narrative Strukturen, die unserem Denken und den »großen Erzählungen« (LYOTARD [7]2012), den Sinnmustern unserer Gesellschaft, zugrunde liegen. Narrative können in einzelnen Geschichten erzählt werden – wie zum Beispiel die vielen Erfolgsgeschichten, die das Leistungs-Narrativ belegen sollen –, aber sie können auch durch einzelne Behauptungen und Parolen gewissermaßen ›getriggert‹ werden. Der alte CDU-Slogan aus der Bundestagswahl

1982 ›Leistung muss sich wieder lohnen‹ ist so eine Behauptung, die das Leistungs-Narrativ ›triggert‹. Der Slogan äußert mit dem ›wieder‹ auch noch die Behauptung, der im Leistungs-Narrativ kodierte Anspruch sei vorübergehend verloren gegangen.

Eine *Geschichte* ist eine konkrete Abfolge von Begebenheiten, die einer narrativen Struktur folgt. Zum ›Unglückliche-Liebe-Narrativ‹ (»X und Y sind verliebt. Umstände verhindern, dass die beiden zusammenkommen. X und Y bleiben unglücklich oder sind am Ende gar tot.« gibt es zahlreiche Geschichten, die dieses in konkreten Abläufen realisieren. Die Geschichte von Romeo und Julia ist eine davon. Eine Geschichte erzählt also immer entlang einer narrative Struktur die konkreten Erlebnisse konkreter Figuren.

Eine *Erzählung* ist die Realisierung einer Geschichte in einem konkreten Kommunikationsakt: Ich erzähle jemandem die Geschichte von Romeo und Julia, Shakespeare schreibt diese Geschichte in einer bestimmten Form auf, in einem Theater wird das Stück aufgeführt etc.

Storytelling schließlich ist ein häufig unscharf gebrauchter Begriff, der im Grunde synonym mit ›Erzählung‹ ist. Häufig wird er aber auch für das ganze Feld des Narrativen gebraucht. Politisches Storytelling ist somit der Gebrauch narrativer Ansätze im politisch-gesellschaftlichen Bereich.

Übertragen auf den politischen Kontext: Ein rechtspopulistisches Narrativ wäre das von der Islamisierung des Abendlandes. Eine Geschichte könnte sein, dass in einer bestimmten Kleinstadt zu einem bestimmten Zeitpunkt 200 vornehmlich aus islamischen Ländern stammende Flüchtlinge einquartiert wurden, und wie die Einheimischen darauf reagierten (im Deutschland der letzten Jahre ja meist ungnädig). Und eine konkrete Erzählung dieser Geschichte könnte man bei einem Wahlkampfauftritt eines rechtspopulistischen Politikers miterleben, der natürlich bestimmte Aspekte dieser Geschichte, die in sein ideologisches System passen, kräftig ausschmückt.

Ein Problem im Kontext dieses Beispiels ist, dass gesellschaftliche Narrative die dahinterliegenden Denk- und Handlungsmuster durch das häufige Erzählen von entsprechenden Geschichten scheinbar immer wieder belegen und verstärken. Angenommen, in einer bestimmten Gruppe herrscht das Narrativ vor, dass die meisten männlichen Flüchtlinge gefährliche »Messermänner« (um das Unwort von Alice Weidel zu zitieren) seien, die nur darauf warten, jemanden (bevorzugt »Biodeutsche«) niederzustechen. Das Narrativ könnte dann so aussehen: »Merkel hat die Grenzen geöffnet. Dann kamen lauter gefährliche Messermänner ins Land. Jetzt ist die Gefahr für die einheimische Bevölkerung sehr groß.« Mit jeder Erzählung einer (realen oder erfundenen) Geschichte einer Gewalttat eines Flüchtlings bekommt dieses Narrativ neue Nahrung. Und ein weiteres Problem ist, dass offenbar ›Counter-Storys‹, also die Erzählung von Geschichten von positiven Integrationserlebnissen mit Geflüchteten, nicht die gewünschte Wirkung erbringen. Die Einzelgeschichten werden zwar als Belege für das ›Messermänner‹-Narrativ angeführt, aber die Menschen denken nicht wie ein empirischer Forscher: Es gibt so und so viele Belege, daher schließen wir auf ein Theorem (in diesem Fall in Form eines Narrativs). Es läuft eher umgekehrt: Die Menschen wollen an ein Narrativ glauben und suchen dann nach Belegen. Das ist auch einer der Gründe, warum Menschen mit einer bestimmten Überzeugung (zum Beispiel einer fremdenfeindlichen) nicht auf positive Beispiele und Argumente reagieren.

Schließlich brauchen wir, um die Topografie des Erzählens zu vervollständigen, noch die *Aktanten* einer Geschichte. Den Begriff hat der französische Literaturwissenschaftler A. J. Greimas 1971 geprägt, um gewissermaßen das »Kraftfeld« ursprünglich mythologischer bzw. märchenhafter Erzählungen beschreiben zu können. Die Aktanten einer Geschichte definieren gewissermaßen eine Landkarte der Bedeutungen einer Geschichte.

Abb. 2: Die Aktanten einer Geschichte

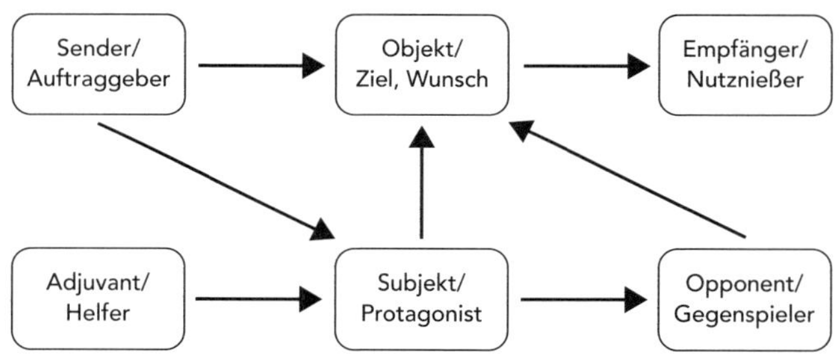

Die Aktanten einer Geschichte sind:

- Das *Subjekt*, bzw. der *Protagonist* oder die *Heldin* einer Geschichte. Jede Geschichte ist die Geschichte von jemandem bzw. über jemanden, jede Geschichte hat eine Hauptfigur. Das kann natürlich – gerade im politischen Bereich – auch eine Gruppe sein (die Arbeiter, das Kapital, die SPD).
- Das *Objekt* ist das *Ziel* oder das *Wunschobjekt*, das die Protagonistin der Geschichte erreichen möchte. Greimas spricht vom »Begehren« (GREIMAS 1971: 165), das der Antrieb jeder Geschichte ist. In jeder Geschichte geht es letztlich um das Ziel, das Wunschobjekt, das die Protagonistin erreichen möchte: den geliebten Partner gewinnen, den Schatz finden, Macht erlangen, sich aus einer schwierigen Lage befreien etc. Die Beziehung zwischen Subjekt und Objekt, zwischen Hauptfigur und ihrem Wunsch ist das Rückgrat jeder Geschichte und jedes Narrativs.

- Der *Sender* oder *Auftraggeber* ist diejenige Instanz in der Geschichte, die den Protagonisten gewissermaßen ›losschickt‹, um sein Ziel zu erreichen. Das kann natürlich die Protagonistin selbst sein (wie z.B. in einer Unternehmensgründerinnen-Geschichte) oder eine Person oder eine Institution. Der Auftraggeber der Bundeskanzlerin ist das Parlament und letztlich der Souverän, also das deutsche Volk. Auftraggeber kann aber auch ein zeitlicher Umstand sein: eine Pandemie – wie Covid 19 – bricht aus und die Regierung muss darauf reagieren.
- Der *Empfänger* oder *Nutznießer* ist diejenige Instanz, die davon profitiert, wenn die Protagonistin ihr Wunschobjekt gewinnt. Das kann wiederum die Hauptfigur selbst sein (wie in einer Liebes- oder Schatzsuchergeschichte); Nutznießer einer klugen Klimapolitik wäre einerseits die Umwelt, andererseits aber und vor allem die gesamte Menschheit, deren Überleben gesichert wäre.
- Der *Adjuvant* oder *Helfer* unterstützt die Hauptfigur auf dem Weg zu ihrem Ziel. Dieser Aktant kann ebenfalls wieder mit einer Person (Dr. Watson in den Sherlock-Holmes-Geschichten) oder mit einer Institution (der Europäische Gerichtshof) oder mit einem zeitlichen Umstand (die anziehende Konjunktur) besetzt sein.
- Ähnliches gilt für den *Opponenten* oder *Gegenspieler*: Dieser Aktant kann von einem Bösewicht (Professor Moriarty, um bei Sherlock Holmes zu bleiben), einer Institution (zum Beispiel dem ›Islamischen Staat‹) oder einem Umstand (eine Dürreperiode) besetzt sein.

Verändert man einen dieser Aktanten, verändert man die Geschichte und ihre Bedeutung. Erzählt man beispielsweise die Geschichte einer Person so, dass es ihr Wunsch ist, die Welt zu einem besseren Ort zu machen oder so, dass ihr Ziel die eigene Bereicherung ist?

KAPITEL 1
DIE WELT IST ALLES, WAS ERZÄHLT WIRD: WIE DER SINN IN DIE GESELLSCHAFT KOMMT

Die großen und die kleinen Erzählungen

In ähnlicher Weise, wie wir als Lebewesen in einer ›Biosphäre‹ leben – als dem Raum um die Erde, in der Leben möglich ist – könnten wir auf gesellschaftlich-politischer Ebene sagen, wir leben in einer ›Narratosphäre‹: Unsere soziale Welt ist ein Gespinst aus Erzählungen und Geschichten darüber, wer wir sind, woher wir kommen, wie wir geworden sind, was und wie wir heute sind, in welchen Bezugsgruppen (Familie, Religion, Ethnie, Staat) wir leben, wie diese geworden sind, was sie heute sind, und Geschichten darüber, wohin wir gehen wollen und was wir uns von der Zukunft erhoffen. All diese Geschichten (die wir explizit erzählen oder erzählt bekommen) und Narrative (die unseren Überzeugungen und Diskursen zugrunde liegen) zusammen erzeugen unsere soziale Welt, die Kultur, in der wir leben, die Grundannahmen über das, was ›bei uns‹ möglich und unmöglich, was wünschenswert oder abzulehnen ist. Diese Geschichten und Narrative bestimmen einen großen Teil dessen, was wir als unser ›Weltbild‹ bezeichnen könnten. Dass dahinter tatsächlich zum großen Teil Geschichten oder Narrative stecken, kann man sich leicht klarmachen, wenn man darüber nachdenkt, woher bestimmte Grundüberzeugungen und Identitätsmerkmale kommen, die wir als Gesellschaft oder Gruppe haben: Wenn wir unsere Identität im ›christlichen Abendland‹ finden, bauen wir auf den biblischen und allen anderen Geschichten rund um die christliche Religion auf; wenn die Aufklärung des 18. Jahrhunderts unser Referenzpunkt ist, beziehen wir uns auf die Narrative und Geschichten vom Sieg der Vernunft oder der Entstehung der Wissenschaft.

Die Tatsache, dass der ›Sinn‹ größerer Gemeinschaften narrativ konstruiert ist und Narrative fundamentale Voraussetzungen für das Funktionieren größerer sozialer Gruppen überhaupt ist, hat der israelische Historiker Juval Noah Harari in seinem Buch *Eine kurze Geschichte der Menschheit* (HARARI 2013) herausgearbeitet: Kleinere soziale Gruppen, bis etwa 150 Mitglieder, sind auch nach den Erkenntnissen der Organisationspsychologie durch Alltagskommunikation, durch ›Klatsch und Tratsch‹ zu organisieren. Größere Gruppen brauchen ein gemeinsames Sinn-Narrativ, eine fiktionale Geschichte, die den gemeinsamen Sinn garantiert. Laut Harrari ist dies der Grund, warum der Homo sapiens als Spezies so erfolgreich war und so komplexe Kulturen und soziale Systeme wie etwa die frühen Stadtkulturen in Mesopotamien oder in China gründen konnte: »Nur der Mensch kann über etwas sprechen, das gar nicht existiert […]; mit der fiktiven Sprache können wir uns nicht nur Dinge ausmalen – wir können sie uns vor allem *gemeinsam* vorstellen. Wir können Mythen erfinden, wie die Schöpfungsgeschichte der Bibel, die Traumzeit der Aborigines oder die nationalistischen Mythen der modernen Nationalstaaten. Diese […] Mythen verleihen dem Homo sapiens […] die Fähigkeit, flexibel und in großen Gruppen zusammenzuarbeiten.« (HARRARI 2013: 37). Dies entspricht auch den Erkenntnissen der narrativen Psychologie, die ebenfalls soziale oder nationale Identitäten über Narrative definiert (vgl. z.B. LÁSZLÓ 2008: 163ff.). Geschichten definieren nicht nur größere Gesellschaften und ihre Identitäten, sondern auch den Sinn, den sich Gesellschaften als Ganzes, Gruppen oder Individuen geben: Auch hinter scheinbar banalen Sinnstiftungen wie ›Ich will Millionär werden‹ (banal im inhaltlichen Anspruch, nicht bezüglich der Realisierung, wie die meisten von uns wissen) stecken Narrative. Das können Geschichten darüber sein, welche Möglichkeiten man als Millionär hat. Oder welche Macht. Vielleicht beruht der Wunsch, Millionär zu werden, sogar auf einem gesellschaftlichen Basis-Narrativ (wie in dem legendären amerikanischen Narrativ vom Tellerwäscher, der jederzeit Millionär werden kann).

Man kann sich vielleicht vorstellen, dass in kleineren vormodernen Gesellschaften diese identitätsstiftenden Sinn-Narrative eher einfach und einheitlich waren (obwohl der Blick in die Vergangenheit oft Dinge einfacher aussehen lässt, als sie es tatsächlich waren). Aber wenn man diesen vereinfachenden Blick über die europäische nach-antike Geschichte wandern lässt, kann man diese Geschichte (auch) als ein Anwachsen von Komplexität und Ausdifferenzierung von Sinn-Narrativen sehen: War im Mittelalter das gemeinsame Sinn-Narrativ ganz klar das christliche, differenzierte sich dieses mit der Reformation zumindest in zwei Varianten – die katholische und die protestantische. Im 17. Jahrhundert kam dann das Rationalismus-, im 18. das Aufklärungs-Narrativ als direkte Konkurrenz zumindest zu den orthodox-christlichen Narrativen hinzu. Spätestens seitdem haben Mitglieder der europäischen Gesellschaften immer mehrere Sinn-Narrative zur Verfügung, für die sie sich – je nach Ausprägung der jeweiligen Machtstrukturen – mehr oder weniger frei, mit mehr oder weniger Gefahr für das eigene Leben, entscheiden konnten: Das Erlösungs-Narrativ des Christentums oder das Selbst-Erlösungs-Narrativ der Aufklärung. Natürlich konnte sich auch ein Bewohner des Mittelalters gegen das christliche Narrativ entscheiden – eine Kommunikation dieser Entscheidung kam jedoch einem Suizid gleich.

Im 19. Jahrhundert entstanden dann patriotisch-nationalistische Narrative, die auch als Versuche gewertet werden können, innerhalb der nun als ›Nationalitäten‹ konzipierten Sprach- und Herrschaftsgemeinschaften wieder eine starkes gemeinsames Sinn-Narrativ zu schaffen. Konterkariert wurde dies jedoch von Anfang an von dem entstehenden anarchistisch-sozialistischen Narrativ, das immer internationalistisch war und Identitätsgrenzen zwischen sozialen Schichten und nicht ethnischen oder imperialen Gebilden zog. Unter dieser – zugegeben und naturgemäß stark vereinfachenden – Perspektive können die totalitären Regimes des 20. Jahrhunderts – vom Stalinismus über den Nationalsozialismus bis hin zum real existierenden ›Kommunismus‹ (was auch immer das hier bedeuten soll) Chinas – als Versuche gesehen werden, mit Gewalt etwas herzustellen, was es eben seit dem 18. Jahrhundert gar nicht mehr geben kann: ein einfaches, allgemeines, alle gesellschaftlichen Gruppen einigendes Sinn- und Identitäts-Narrativ.

Die Epoche seit dem Zweiten Weltkrieg ist – zumindest außerhalb totalitärer Regimes, aber auch dort durch wachsende Dissidentengruppen – geprägt durch eine ständige Zunahme sinnstiftender Identitäts-Narrative, mit deren Hilfe sich zahlreiche Gruppen und ›Milieus‹ innerhalb der Gesellschaft definieren und ihre Sinnangebote ausdifferenzieren. Es scheint – so zumindest die gängige Gesellschaftsdiagnose – als ob sich die ›großen Erzählungen‹ auserzählt hätten, wie von Jean-François Lyotard beschrieben (LYOTARD [7]2012), und einer postmodern-beliebigen Menge von kleinen, individuellen Erzählungen Platz gemacht hätten, die jeder und jede sich nach eigenem Gusto erzählt. Das ist die zutreffende *eine* Seite unserer Gesellschaften: Es gibt eben zahlreiche Milieus, Lebensstile, ästhetische Modelle, Gruppen,

Ideologien, deren ›Follower‹ jeweils sich auf andere Sinn-Narrative verständigen können: Konservative, Veganer, Technikgläubige, Umweltschützer, Astrologen, Rechte, Schamanen, Sozialisten, sich nach der Vergangenheit sehnende, Kunstjünger und so weiter bilden ein unentwirrbares Feld von narrativen Teil- und Schnittmengen (denn diese Narrative sind natürlich nicht trennscharf, sondern berühren und überschneiden sich auf vielfältige Weise). Die Vielfalt von gesellschaftlichen Narrativen ist einer der Gründe, warum politische Überzeugungsarbeit – ähnlich wie das Vermarkten von Produkten – so schwierig geworden ist: Es gibt eben nicht mehr nur einige wenige Narrative (das konservative, das sozialdemokratische, das liberale und das grüne), die durch die Programme von Parteien noch bis in die 1960er-Jahre abgebildet werden konnten, sondern unzählige Geschichten-Welten und narrative Konglomerate, die quer zu den klassischen Stammwählern der Parteien liegen. Und dennoch gibt es auch in unserer postmodern-vielfältigen Gesellschaft einige Basis- oder Meta-Narrative, die einen Großteil aller dieser vielen Sinn-Narrative beeinflussen und grundieren, wie etwa das Leistungs-Narrativ, das Entwicklungs- und Wachstums-Narrativ oder das kapitalistische Markt-Narrativ. Doch dazu später.

Erzählt wird, was Sinn macht

Grundsätzlich kann man sagen, dass die narrative Struktur die Form ist, wie wir Menschen Veränderungen und Entwicklungen denken, und wie wir damit Sinn in unserem Leben schöpfen, indem wir uns selbst (und anderen) erzählen, ›wie wir geworden sind, was wir heute sind‹. Mit solchen autobiografischen Erzählungen erklären wir, welchen Sinn unsere derzeitige Situation macht – oder inwiefern dieser Sinn fehlt, wenn wir zum Beispiel keine kausale Kohärenz der einzelnen ›Snapshots‹ unserer Erlebnisse und Erfahrungen herstellen können. Diese Bedeutung narrativer Strukturen für das Erleben von Sinn, Kohärenz und Identität hat die Psychologie in der Folge eines »narrative turn« seit den 1980er-Jahren begonnen, zu erforschen. »In Geschichten geht es nämlich immer darum, wie Protagonisten die Dinge interpretieren, was die Dinge für sie bedeuten.« (BRUNER 1997: 68; vgl. auch SARBIN 1986; LÁSZLÓ 2008).

Wir alle machen unseren Sinn meist selbst, im Kleinen wie im Großen. Und die Form, in der wir das tun, ist narrativ. Wenn wir irgendetwas Ungewöhnliches wahrnehmen, beginnen wir in der Regel unwillkürlich, zu rätseln, was wohl dahinterstecken mag. Ein Mann, der mir an einer Kreuzung entgegenkommt, hat Blutergüsse und Wunden im Gesicht. Was ist geschehen? Hatte er einen Autounfall? Oder war er in eine Schlägerei verwickelt? Ist er ein Mitglied der Unterwelt und in einen Machtkampf verschiedener Gangs geraten? Ja nachdem, wie stark unsere Fantasie ausgeprägt ist, und wie viel Muße wir haben, dieses Garn weiterzuspinnen: Wir versuchen, einer ungewöhnlichen, nicht alltäglichen Beobachtung Sinn zu geben, indem wir uns eine Geschichte zusammenreimen, wie das Phänomen entstanden sein könnte. In der Ferne hören und sehen wir zehn, zwölf Fahrzeuge mit Blaulicht und Martinshorn vorbeifahren. Ist da ein großer Unfall passiert? Oder gar ein Terroranschlag? Ein Amoklauf? Und je stärker wir uns in diese Geschichten hineinfantasieren – und dabei auch Blaupausen aus Medien und früheren Erlebnissen nutzen –, desto mehr reagieren wir auch emotional, bekommen Angst, ja vielleicht sogar Panik. Sie bemerken, dass Ihre Nachbarin seit einiger Zeit schlecht aussieht. Ist sie krank? Oder führt sie ein ausschweifendes Leben? Oder hat sie nur Stress im Beruf? Ja, Sie erinnern sich: Sie hat vor ein paar Monaten einmal erwähnt, dass sie einen sehr unangenehmen neuen Chef hat. Und so weiter. Den ganzen Tag ›machen wir Sinn‹ (ein produktiver Anglizismus) aus unseren Beobachtungen und Sinneswahrnehmungen – und zwar, indem wir die dahintersteckenden Geschichten zu entschlüsseln versuchen. Auch aus unserem eigenen Leben machen wir Sinn, indem wir unsere Erlebnisse, die Ereignisse, an denen wir beteiligt waren, in eine narrative Struktur bringen. In der Psychologie weiß man, dass Identität und die dazugehörige Autobiografie narrativ strukturiert sind (vgl. BRUNER 1997; KRAUS 2000; ABELS 2010; KEUPP et al. 2008). Einen Sinn im eigenen Leben zu erfahren oder nicht, hängt letztlich davon ab, wie gut es uns gelingt, eine befriedigende narrative Struktur über die Ereignisse unseres Lebens zu legen. Dieses autobiografische Narrativ ist nicht ein für alle Male festgelegt, sondern kann auch verändert werden; die sogenannte narrative Therapie nutzt dies, um andere Erlebnisse, andere Erfahrungen in unser autobiografisches Identitäts-Narrativ einzubinden (vgl. WHITE 2010).

Dies ist die positive Seite der Veränderbarkeit unserer Sinn- und Identitäts-Narrative. Die negative Seite ist, dass wir es uns gerne leicht machen, wenn es darum geht, Ursachen vor allem für Umstände zu suchen, die verhindern, dass wir so leben können, wie wir leben wollen. Dann nehmen wir billige Erklärungen an, die uns angeboten werden, finden Sündenböcke, damit wir nicht an uns selbst etwas ändern müssen. Dann sind die vielen Ausländer Schuld daran, dass ich arbeitslos bin, oder die ›Kapitalisten‹, dass ich meinen Lebenstraum nicht verwirklichen konnte.

Narrative Gebiete von Gesellschaften

Bisher habe ich hauptsächlich von Sinn und Identität gesprochen; das sind jedoch nur zwei der Aspekte von Gesellschaften oder anderen Gemeinschaften, die durch Geschichten und Narrative bestimmt werden. Weitere drei wichtige – ohne hier einen Anspruch auf Vollständigkeit zu erheben – sind Werte, Wissen und Kommunikation (vgl. dazu auch ERLACH/MÜLLER 2020).

Bevor wir uns näher mit dem ›Wie‹ des politischen Storytelling befassen, hier noch ein Überblick über die Gebiete und Regionen des politischen Storytelling:

Sinn: Zu der Funktion von Geschichten und Narrativen bei der Konstruktion von gemeinsamem Sinn habe ich ja schon einiges gesagt. Nur noch so viel: Eine lebendige und demokratische Gesellschaft ist eine, in der es mehrere, sogar viele teils konkurrierende, teils kompatible Sinn-Narrative gibt, für die sich Menschen entscheiden können, ohne Verfolgungen befürchten zu müssen. Das nennt man allgemein ›Pluralismus‹. Autoritäre und starre Gesellschaften bieten nur sehr wenige oder sogar nur ein Sinn-Narrativ an, das man nur mit Gefahr nicht akzeptieren kann – zumindest in der Öffentlichkeit. Wie einengend eine Gesellschaft sein kann, in der es nur eine »single story« gibt, hat die nigerianische Schriftstellerin Chimamanda Adichie in ihrem berühmten TED-Talk beschrieben.[4]

Identität: Die psychologische Forschung ist sich zunehmend einig, dass Identität, oder besser: Ich-Identität, narrativ konstruiert ist (vgl. z.B. ABELS 2010; KRAUS 2000; KEUPP et al. 2008). Sie entsteht aus den Geschichten, die wir uns selbst und anderen über uns erzählen, aber auch aus den Geschichten, die andere über uns erzählen, und schließlich aus den Geschichten, in die wir gleichsam hineingeboren sind (z.B. Familien- oder Gruppengeschichten). Identität ist damit nichts Festes, das ein für alle Male festgelegt wäre, sondern sie ist ständig im Fluss und entwickelt sich weiter. In ähnlicher Weise ist auch die Identität von Gruppen, Schichten, Gesellschaften, Nationen etc. eine ständig im Fluss befindliche narrative Konstruktion von Selbsterzählungen, Fremderzählungen und kontextuellen Narrationen, also diejenigen, die eine Gesellschaft gewissermaßen ›geerbt‹ hat. Deren Bedeutung wird vor allem deutlich, wenn man die nationale Identität der Deutschen betrachtet: Das, was unter der Herrschaft des Nationalsozialismus geschehen ist, wird jede narrative Identitätskonstruktion noch für lange Zeit grundieren – ob man das möchte oder nicht, auch wenn man sich wie Alexander Gauland und andere noch so bemüht, diese Zeit als ›Fliegenschiss‹ zu marginalisieren.

Abb. 3: Die narrative Konstruktion der Identität

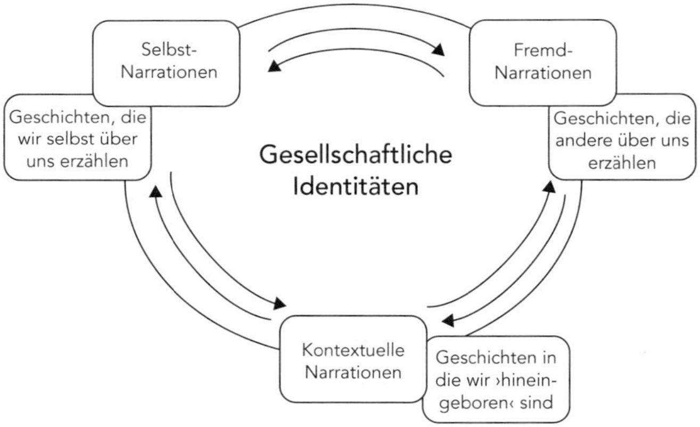

In der Regel entstehen die Geschichtenwelten der Identität gewissermaßen von selbst, oft werden sie aber auch bewusst aufgebaut. Das ist in der Regel der Fall, wenn eine Nation oder ein Volk sich selbst einen Gründungsmythos geben möchte (wie etwa im Fall der Römer der Aeneas-Mythos und die Geschichte von Romulus und Remus, den mythischen Gründern Roms, die von einer Wölfin gesäugt wurden) oder bewusst Geschichten erzählt, die die eigene Vortrefflichkeit herausstellt (›Land der Dichter und Denker‹). Ein Beispiel für einen aktiv gestalteten Gründungsmythos beschreiben die Politikwissenschaftler Ivan Krastev und Stephen Holmes in ihrem Buch *Das Licht, das erlosch*

(KRASTEV/HOLMES 2019). Offenbar hat der ungarische Präsident Viktor Orban ein mythisches Datum der ›magyarischen Landnahme‹ als Nukleus der ungarischen Identität definiert: »Das ist ein gutes Beispiel dafür, wie Populisten eine der vielen Vergangenheiten ihrer Länder auswählen und sie als *die* authentische Vergangenheit der Nation darstellen« (KRASTEV/HOLMES 2019: 112). Diese Strategie der (nationalen oder ethnischen) Identitätsbildung ist jedoch nicht auf Populisten beschränkt. Jede Tourismuswerbung, die Merkmale der Geschichte oder Bevölkerung eines Landes herausstellt, priorisiert bestimmte Geschichten vor anderen, indem etwa Geschichten zu attraktiven nationalen Klischees – der extrovertierte Italiener, der stolze Spanier, der knorrige, aber dennoch liebenswerte Bayer – absolut gesetzt werden.

Politisches Storytelling bzw. die Arbeit mit Geschichten in der Politik ist damit auch immer Arbeit bzw. Umgang mit Identitäts-Narrativen unterschiedlicher Gruppen, Regionen, Nationalitäten, Lebensstilen, Orientierungen etc.

Werte: Im politischen Alltag werden täglich Werte beschworen, in ganz unterschiedlichen Kontexten – ob es nun um Wertsetzungen im eigentlichen Sinn oder um Identitäten geht, wenn etwa wieder einmal die ›christlich-abendländischen Werte‹ bemüht werden. Wenn wir im Alltag über Werte nachdenken, fallen uns meist Begriffe ein: ›Menschenwürde‹ wäre so ein Begriff, ›Wertschätzung‹, ›Tradition‹ und so weiter. Aber im Grunde sind auch Werte narrativ konstruiert, sobald sie konkret werden und nicht nur Worthülsen bleiben. Um sich das klar zu machen, können Sie folgendes Experiment durchführen: Wenn Sie mit einer Gruppe von Freunden oder Freundinnen zusammensitzen, einigen Sie sich auf einen Wert, der allen wichtig ist, sagen wir einmal: Toleranz. Dann sollte jeder oder jede versuchen, sich an ein Erlebnis zu erinnern, in dem Toleranz eine Rolle gespielt hat. Dann erzählen alle ihr Erlebnis der Reihe nach, ohne dass darüber diskutiert wird. Sie werden sehen: In nahezu jeder dieser Geschichten wird der Wert ›Toleranz‹ eine etwas andere Bedeutung, eine andere Färbung einnehmen. Und erst auf der Basis dieser Geschichten können Sie darüber diskutieren, was denn Toleranz ganz konkret sein soll, welche Art von Handlungen dieser Wert hervorbringt. Ein anderes Beispiel: Der Wert ›Kindesliebe‹ hätte in den 1950er-Jahren auch die Prügelstrafe inkludieren können (»Ich schlage dich, weil ich dich liebe.«), während wir eine solche Interpretation dieses Werts heute zu Recht von uns weisen würden. Man sieht an diesen Beispielen: Werte, die wir nur als Begriffe behandeln, bleiben inhaltsleer, auch wenn man sie noch so oft in Reden und Gesprächen beschwört. Erst wenn man die Geschichten dazu hört und erzählt, wird klar, was für ein Verhalten sie nahelegen und damit was für eine Haltung sich hinter ihnen verbirgt.

Wissen: Auch eine Art von Wissen, die besonders für das politische Handeln relevant ist, ist narrativ: das Erfahrungswissen. Damit ist nicht ein wissenschaftliches oder kognitives Wissen gemeint, wie es in Lehrbüchern steht, sondern eines, das aus dem Handeln und den Erfahrungen generiert wird und dem Menschen oft gar nicht bewusst ist. Verfügbar wird dieses Wissen erst durch das Erzählen. Das bedeutet: Wenn man im gesellschaftlichen Leben Erfahrungen lebendig halten und nutzbar machen will, muss man Räume schaffen, in denen Menschen ihre Erfahrungen erzählen und andere zuhören können.

Kommunikation: Zum Thema Kommunikation muss man nicht viel sagen: Dass ein großer Teil der Alltagskommunikation über Geschichten läuft, versteht sich von selbst. Und an Kommunikation haben die Leserinnen und Leser beim Titel dieses Buchs vermutlich zuerst gedacht. Über die Kommunikation werden natürlich auch die anderen Felder des Narrativen vermittelt.

Geschichten und Zeit: Geschichten machen Geschichte

Geschichten oder narrative Strukturen haben immer etwas mit Zeit zu tun. Geschichten erzählen von Begebenheiten, die irgendwann angefangen haben, und zu einem anderen Zeitpunkt an ein – zumindest vorläufiges – Ende kommen: Wie sich Hans und Marie kennengelernt, verliebt und geheiratet haben. Was ich gestern erlebt habe. Wie es dazu kam, dass die Berliner Mauer gefallen ist. Der Normalfall einer Geschichte ist, dass im Nachhinein erzählt wird, was geschehen ist. Im Nachhinein wird ausgewählt, welche der vielen Begebenheiten, die Hans und Marie von dem Zeitpunkt, als sie sich zum ersten Mal gesehen haben, bis zu dem, als sie ›beschlossen‹ haben, ein Paar zu sein, für ihre Geschichte relevant sind. Denn wenn wir einmal annehmen, dieser Prozess habe mehrere Wochen gedauert, so werden beide Hauptfiguren unserer Geschichte eine ganze Menge erlebt haben: Vielleicht ist Marie in ihrer Arbeit befördert worden, Hans hat einen niederschmetternden Steuerbescheid bekommen, Maries Katze war kurz krank und Hans hat einen alten Schulfreund getroffen, von dem er lange nichts mehr gehört hatte. Und so weiter. Die Liebesgeschichte von Hans und Marie zu erzählen, bedeutet, aus diesen Begebenheiten, die den ›Strom des Lebens‹ ausmachen, diejenigen auszuwählen, die relevant für die Geschichte waren. Die Krankheit der Katze wird wohl nicht so wichtig gewesen sein. Oder doch? Vielleicht ist es Marie im Wartezimmer des Tierarztes beim Lesen ihres Liebeshoroskop in einer Illustrierten zum ersten Mal so richtig bewusst geworden, dass sie in Hans verliebt ist? Und der alte Schulfreund? Vielleicht ist er ja die Ursache, dass die Beziehung der beiden nach einigen Jahren – nehmen wir einmal an – wieder auseinander geht, weil Marie eine Affäre mit diesem Schulfreund beginnt. Ob die Begegnung mit dem Schulfreund für die Liebesgeschichte wichtig ist, wird sehr stark davon abhängen, wann sie erzählt wird.

Wenn Hans und Marie bei ihrer Hochzeit erzählen, wann und wie sie sich kennen und lieben gelernt haben, wird der Schulfreund wohl keine Rolle spielen. Wenn Hans ein paar Jahre später, nach der Trennung des Paars, die Geschichte des Verliebens erzählt, sehr wohl: Der Schulfreund ist eine Figur, die in der Geschichte wirkmächtig wird. Vielleicht kommt in Hans' Erzählung ein Satz vor wie: ›Wenn ich da schon geahnt hätte, was später geschieht, hätte ich Marie niemals dem Schulfreund vorgestellt‹.

Eine Geschichte zu bauen und sie zu erzählen, vor allem wenn es sich um sogenannte »Wirklichkeitserzählungen« (KLEIN/MARTINEZ 2009) handelt, ist also immer ein Prozess der Selektion. Ebenso wie ein Fotograf sich entscheiden muss, welchen Ausschnitt der Wirklichkeit er für sein Bild wählt, muss der Erzähler aus dem Strom des Lebens auswählen und Entscheidungen treffen, welche der Begebenheiten für seine Geschichte relevant sind und welche nicht. Im Alltag treffen wir diese Entscheidungen meist nicht bewusst: Wir erzählen einfach mit einem mehr oder weniger stark ausgeprägten Gefühl der Relevanz.

Die Entscheidung für das, was relevant ist – und das ist ein zweiter wichtiger Faktor für das erzählende Rekapitulieren der Vergangenheit – hängt entscheidend von dem Zeitpunkt ab, an dem eine Geschichte erzählt wird: Für die Liebesgeschichte, die bei der Hochzeit erzählt wird, sind andere Begebenheiten relevant, als in der Geschichte, die erzählt wird, wenn alles schon vorbei ist. Eine Geschichte über die Vergangenheit ist also immer eine Funktion der Gegenwart: Sie ist der Versuch, die Begebenheiten so zu ordnen, dass die Geschichte eine Erklärung dafür liefern kann, wie alles so geworden ist, wie es ist.

Ein schönes Beispiel für diesen Effekt liefern die beiden autobiografischen Bücher *Wir sind Gefangene* (GRAF 1982) und *Gelächter von außen* (GRAF 1983) des Schriftstellers Oskar Maria Graf. Im ersten der beiden Bücher, 1927 zuerst erschienen, erzählt Graf die Geschehnisse seiner Jugend bis zu den Jahren nach dem Ersten Weltkrieg. Im zweiten Werk, 1966 erschienen, setzt er nochmals im Jahr 1918 an und erklärt im Vorwort, er müsse – obwohl er diese Zeit schon in *Wir sind Gefangene* beschrieben habe – sie noch einmal erzählen, aber nicht als »[...] breit ausgewalzte Verwichtigung von bereits Bekanntem [...]. Im Gegensatz dazu handelt es sich aber um ein Nachholen von unbekannten Erlebnissen und Geschehnissen, die für mich erst in der nachdenklichen Rückerinnerung insofern Bedeutung gewonnen haben, weil sie – wie mir scheint – auch aufschlußreich für die Atmosphäre der damaligen Zeit sind.« (GRAF 1983: 7). Unter anderem erzählt er von mehreren Begegnungen mit Adolf Hitler in der Nachkriegszeit. 1927 war dieser für Graf nur ein politisierender Sektierer und ›Pflastertreter‹ in München-Schwabing gewesen, ein Spinner unter vielen anderen – und die Begegnungen mit ihm erschienen dem Autor wohl zu der Zeit der Abfassung des ersten Buches nicht interessant genug. Leider hat er später eine andere historische Bedeutung bekommen und gehörte damit zur autobiografischen Geschichte Oscar Maria Grafs. Da er auch Bauerngeschichten schrieb, wollte Hitler ihn als Blut-und Boden-Schriftsteller gewinnen (ein Ansinnen, dem Graf sich als Kommunist natürlich verweigerte).

Auch jede politische Geschichte, jede politisch instrumentalisierte Erzählung der Vergangenheit ist also eine Konstruktion, die abhängig ist von dem Zeitpunkt des Erzählens. Insofern sagt eine Vergangenheitserzählung mehr über die Gegenwart (des Erzählens bzw. der Erzählenden) aus als über die Vergangenheit selbst: Sie ist immer der Versuch einer Erklärung, wie wir so geworden sind, wie wir heute sind. Eine Erzählung über die Vergangenheit kann also nie ein ›objektives‹ oder ›wahres‹ Bild der Vergangenheit oder der Historie liefern, sondern allenfalls eine Annäherung daran. Auch die Geschichtsschreibung muss immer eine Wahl treffen, nie kann sie den ganzen Strom der Geschehnisse gleichwertig abbilden – was zudem ja, wenn es dann ginge, sinnlos wäre, weil dann die Geschichtsschreibung nicht mehr erklären, sondern nur noch abbilden könnte.

Natürlich gibt es noch zahlreiche weitere Parameter, die das Erzählen vergangener Geschehnisse beeinflussen (können). Da wäre einmal die Perspektive, aus der erzählt wird (am Beispiel unserer Liebesgeschichte die Frage, ob sie von Hans oder von Marie erzählt wird), die Bewertung (soll über eine glückliche oder unglückliche Beziehung berichtet werden), die Absicht (hat der Erzähler z.B. eine didaktische Intention, indem er etwa durch die Geschichte von Hans und Marie erläutern will, welche Fehler man in einer Beziehung niemals machen darf), die Wirkung (ein Redner erzählt die Geschichte so, wie sie bei seinem Publikum am besten ankommt), und so weiter. Einige dieser Mechanismen sind dem Erzählen inhärent, andere können aus strategischen oder manipulativen Absichten gewählt oder weggelassen werden. Wir werden auf diesen Aspekt im nächsten Kapitel zurückkommen.

Die Gegenwart und ihre Vergangenheit

Geschichten, die im Alltag, aber auch in den Medien oder in der Kunst erzählt werden, sind meistens Geschichten über eine tatsächliche oder erfundene Vergangenheit. Das kann man schon daran erkennen, dass das normale Tempus für Erzählungen die Vergangenheit ist: Nach Abschluss einer bestimmten Ereignisfolge wird erzählt, wie es sich zugetragen hat, dass diese oder jene Endsituation eingetreten ist. Wie es gekommen ist, dass sich das Liebespaar gefunden hat, der Mörder gefasst oder ein Kampf gewonnen wurde. Die Zeit, in der die meisten Erzählungen spielen, gleichgültig ob es sich um *fiktionale* (in Romanen, Filmen und Kurzgeschichten) oder um *faktuale* Geschichten (in Nachrichten und Reportagen) handelt, ist die Vergangenheit, und ebenfalls in aller Regel berichtet der Erzähler oder die Erzählerin auf der Basis eines Wissens, wie die Geschichte ausgegangen ist – ob die Liebesgeschichte glücklich oder unglücklich geendet hat, ob der Schatz gefunden wurde oder nicht. Im filmischen Erzählen ist dies ein wenig komplizierter, weil hier die implizite Erzählerinstanz nicht so deutlich zutage tritt wie in sprachlichen Erzählungen. Aber wir können davon ausgehen, dass auch hier zumindest die gewohnheitsmäßige Erwartung der Rezipienten ist, dass den Film jemand ›gemacht‹ hat, der weiß, wie die Geschichte ausgegangen ist.

Von jeher erfüllten diese Vergangenheitserzählungen mehrere Funktionen. Neben der Unterhaltungsfunktion, wenn etwa am Abend die Mitglieder der legendären Seinzeithorde von ihren spannendsten Jäger- und Sammlererlebnissen des Tages berichteten, war die wichtigste wohl die der Wissensvermittlung. Und zwar einerseits eines für das tägliche Überleben notwendigen Wissens (Wo wurde ein Säbelzahntiger gesichtet, wo jagbares Wild, wer ist gestorben und wie?), andererseits aber vor allem auch ›Weltwissen‹, wie es von Anfang an Mythen und Sagen bereitgestellt haben: Wie ist die Welt entstanden, wer sind diese Götter, die sie geschaffen haben, woher kommen wir und was haben wir von unseren Vorfahren kulturell geerbt? Kurz, es sind Erzählungen darüber, wie wir und unsere Welt geworden sind, was und wie wir heute sind. Der Bogen spannt sich dabei von der Kosmogonie (Wie wurde die Welt erschaffen?) über die Anthropogonie (Und wie die Menschen?) bis zur Entstehung der eigenen Kultur (Wie sind unsere Sitten und Gebräuche entstanden, und warum unterscheiden sich diese eventuell von denen anderen Gruppen?). Da es Mythen und Sagen, soweit wir wissen, in allen Kulturen gibt und gab, kann man wohl schließen, dass es ein Grundbedürfnis des Homo sapiens ist, die Gegenwart und ihre Bedingungen nicht einfach hinzunehmen, sondern erzählend zu erklären, warum und wie es geworden ist, was wir heute erleben und sehen. Voraussetzung dafür ist natürlich ein Sinn für Zeit und ihr Vergehen – den wir vermutlich den meisten Tieren absprechen würden – sowie ein Sinn für Veränderungen, Transformationen, die im Laufe der Zeit geschehen: Am Anfang war die Welt wüst und leer, dann wurde Land und Wasser und alles andere geschaffen. Früher gab es unser Volk noch nicht, aber dann kamen die Urväter als Flüchtlinge hierher (so der bereits erwähnte Gründungsmythos der Römer, die sich als Nachkommen des trojanischen Helden Aeneas mythisch aufgewertet haben). Dieser Sinn für das Vergehen von Zeit und die damit einhergehenden Veränderungen ist offenbar tief in unserem Gehirn verankert.

Und das bedeutet letztlich, dass wir (unter anderem) sehr stark in narrativen Strukturen denken und mit Geschichten unsere Welt konstruieren, und damit ist für jemanden, der narrativ denkt (und das sind wir als Angehörige der Gattung Homo sapiens alle), die Welt nicht einfach etwas ›Seiendes‹, sondern etwas ›Gewordenes‹.

Die Frage, wie dieses ›Gewordene‹ erklärt wird, welche Geschichten also als zutreffend angesehen werden, um zu erklären, ›wie wir geworden sind, was wir heute sind‹, ist natürlich eminent politisch. Kommen in unseren historischen Geschichten auch Frauen vor oder nur Männer, ist zum Beispiel immer noch eine Frage, die zu Recht heftig diskutiert wird. Beginnt die Geschichte Afrikas im Wesentlichen mit der Kolonialzeit oder liegt ein Schwerpunkt auf vorkolonialen Kulturen? Ist Teil dieser Geschichten die angebliche Überlegenheit einer Gruppe oder einer Ethnie? Der Kampf um die zutreffenden Geschichten über die Vergangenheit ist damit ein Kampf um die Deutungshoheit und damit um die zutreffende Beschreibung unserer Gegenwart. Ein Slogan wie Trumps ›Make Amerika great again‹ interpretiert die jüngste Vergangenheit bis zur Gegenwart als die Geschichte eines Niedergangs: Wenn Amerika ›wieder groß‹ werden soll, steckt dahinter das Narrativ ›Amerika war mal groß. Dann passierte etwas, das diese Größe zerstörte. Heute ist Amerika nicht mehr großartig.‹ Natürlich sind auch andere Narrative denkbar und sie werden auch von anderen Gruppen erzählt, die evtl. die jüngste Vergangenheit eher als eine Aufbruchsgeschichte (unter Obama) erzählen.

Auf welche Weise die Gegenwart über den Rückgriff auf die Vergangenheit konzipiert wird, hängt natürlich einerseits davon ab, ob sie als ein positiver oder ein negativer Zustand verstanden wird. Und diese Bewertung entscheidet dann, welche Vergangenheitserzählung gewählt wird. Nehmen wir an, die Gegenwart würde als negativer Zustand bewertet, und zwar von zwei Gruppen in unterschiedlicher Weise. Eine linke Gruppe beurteilt ihn negativ, weil die soziale Schere immer weiter aufgehe, Wohnungen teurer, die Lebensbedingungen für Geringverdiener immer schwieriger werden etc. Eine rechte Gruppe dagegen bewertet unseren gegenwärtigen Zustand als negativ, weil Deutschland im Begriff sei, ›umgevolkt‹ zu werden, immer mehr Menschen islamischen Glaubens ins Land kämen und dadurch die traditionelle deutsche Kultur zerstören. Man kann sich leicht vorstellen, dass beide Bewertungen unterschiedliche Vergangenheitserzählungen voraussetzen – die erste die aus dieser Sicht zweifelhafte Erfolgsgeschichte der neoliberalen Ökonomie seit den 1980er-Jahren, die andere die angebliche ›Grenzöffnung‹ durch Angela Merkel und die dadurch ebenso angeblich ausgelösten Flüchtlingsströme. Meist sind diese erklärenden Vergangenheitsgeschichten eher einfach gestrickt und kaum auf dem Stand historischer Forschung. Unterschiede können natürlich auch in den zugrunde liegenden Fakten der jeweiligen Bewertungen bestehen: Während sich die zunehmende Öffnung der sozialen Schere durch Zahlen belegen lässt (wie es der französische Ökonom Thomas Piketty (2014) in seiner Studie *Das Kapital im 21. Jahrhundert* getan hat, gibt es für eine tatsächliche ›Umvolkung‹ keinerlei Faktenbasis.

Politische Vergangenheitserzählungen beruhen also auf einem Narrativ, dessen Endzustand die Gegenwart ist und je nach Interesse bezüglich Bewertung und Grundlage dieser Bewertung werden bestimmte Ereignisse aus der Vergangenheit ausgewählt. Politische Strategie auf dieser Ebene bedeutet, zu denen des politischen Gegners alternative Vergangenheits-Narrative zu entwickeln – und damit Narrative, die alternative Interpretationsrahmen für die Gegenwart anbieten.

Ein wichtiger Aspekt politischer Vergangenheits-Narrative ist die Relation von Ausgangs- und Endzustand (also die Gegenwart): Wird der Ausgangszustand als positiv wahrgenommen und der Endzustand als negativ, oder umgekehrt, oder werden beide identisch bewertet. Dabei wären folgende Fälle denkbar:

V1: Früher war alles besser: Vergangenheit positiv, Gegenwart negativ

Die gesellschaftliche Gegenwart wird als das Endprodukt einer Abstiegsgeschichte betrachtet: Es war einmal gut, dann ist irgendetwas geschehen, das die Dinge verschlechtert hat, und heute leben wir in einem negativen Zustand. Derartige Glorifizierungen der Vergangenheit findet man naturgemäß eher auf der konservativen bis rechten Seite; Slogans wie Trumps ›Make America great again‹ zeugen von einer solchen Rückwärtsgewandtheit ebenso wie die Träume von einer ehemals ethnisch ›reinen‹ oder homogenen Bevölkerung, die durch Zuwanderung zerstört wurden. Meist ist in diesen Fällen die Bewertung der Vergangenheit auch das implizite oder explizite Programm, das in einer angestrebten Rückkehr in diesen Zustand besteht. Doch auch wenn vor allem konservativ-rechte Gruppen solche rückwärtsgewandten Narrative aufrufen, stecken sie – vielleicht verborgener – auch in denen anderer Gruppen. Auch in manchen ökologischen Narrativen klingt es an, wenn etwa eine Zeit gepriesen wird, in der es kaum Umweltverschmutzung gab, und wo der Fokus hauptsächlich auf einen Verzicht auf die Produkte oder Technologien gelegt wird, die als (mit)schuldig an der Umweltverschmutzung identifiziert werden. Schon Rousseaus ›Zurück zur Natur‹ aktivierte ein rückwärtsgewandtes Narrativ mit der anthropologischen Unterstellung, es habe einen solchen Naturzustand irgendwann tatsächlich gegeben, bzw. man könne einen Unterschied machen zwischen der ›Natur des Menschen‹ und seinen Hervorbringungen. Denn, so könnte man einwenden, gehört es nicht vielmehr auch zur ›Natur des Menschen‹, Technik hervorzubringen?

V2: So gut ging es uns noch nie / Seht, was wir erreicht haben: Vergangenheit negativ, Gegenwart positiv

Dass Geschichten von diesem Typus gerne von den Gruppen erzählt werden, die seit längerem an der Macht sind bzw. die sich als die gesellschaftliche Elite fühlen, liegt auf der Hand. Vor allem autokratische Regimes pflegen dieses Narrativ, nicht selten in völliger Unabhängigkeit von jeglichen Fakten – man schaue nur nach Nordkorea. Diese Form der Vergangenheitserzählung kann aber auch im berechtigten Stolz auf das Geschaffte erzählt werden – in Deutschland etwa die Geschichte des Wirtschaftswunders der 1950er-Jahre oder – wenn man es so sehen möchte – die der Bewältigung der Finanzkrise von 2008.

V3: Es ist nochmal gut gegangen: Vergangenheit positiv, Gegenwart positiv, dazwischen Probleme

Dieses Narrativ wird ebenfalls gerne von Gruppen, die an der Macht sind bzw. sich als Elite fühlen, erzählt, wenn sie sich die Überwindung einer Krise zuschreiben. Geschichten von diesem Typus erzählten etwa deutsche Regierungsmitglieder nach der Bankenkrise 2008 und den auf sie folgenden Krisen, die als Euro- und Griechenlandkrise bekannt geworden sind. Für viele Griechen erfüllte die damit zusammenhängende Ereignisfolge allerdings eher das Vergangenheits-Narrativ V1. Während des Schreibens an diesem Buch hoffe ich sehr, dass wir bald auch über die Corona-Krise in dieser Form erzählen können.

V4: Kurzzeitig sah es so aus, als ob alles gut würde: Vergangenheit negativ, Gegenwart negativ, dazwischen einmal ein positiver Zustand

Dieses Narrativ wird von Gruppen erzählt, die einmal einen Aufbruch gewagt haben, aber jetzt von dessen mangelnden Effekten enttäuscht sind. Dies könnten manche Angehörige der ›Alt-68er‹ sein, die nach dem Aufbruch Ende der 1960er-, Anfang der 1970er-Jahre ein Wiedererstarken des Kapitalismus beklagen. Man kann sich auch vorstellen, dass manche Angehörige eines ›ostalgischen‹ Milieus, also Menschen, die sich nach den Zuständen in der DDR zurücksehnen und ihre Hoffnungen bei der Wende enttäuscht sahen, Narrative dieses Typus erzählen.

Die Gegenwart und ihre Zukunft

Geschichten über die Zukunft haben einen völlig anderen Status bezüglich ihres Realitätsgehalts, da natürlich niemand die Zukunft kennen kann: Sie sind von vorneherein fiktional. Dennoch spielen sie auch außerhalb literarischer Genres wie der Science Fiction eine wichtige Rolle. Jens Beckert hat dies für das Feld der Wirtschaft gezeigt (vgl. BECKERT 2016): Der Wert von Unternehmen hängt wesentlich von ihrer Fähigkeit ab, überzeugende Zukunftsgeschichten zu erzählen. Der Gedanke ist einleuchtend: Ein Unternehmen, das nicht glaubhaft machen kann, dass es mit seinen Produkten auch in Zukunft erfolgreich sein werde, wird weder auf dem Kunden- noch auf dem Investorenmarkt Erfolg haben. Man könnte vermuten, dass Nokia – bis dahin der erfolgreichste Mobiltelefonhersteller der Welt – nach dem Markteintritt des iPhone 2007 keine überzeugende Zukunftsgeschichte mehr hatte.

Auch im gesellschaftlich-politischen Bereich spielen Zukunfts-Narrative eine wichtige Rolle. Häufig werden sie auch ›Visionen‹ genannt und trotz des berühmten Diktums von Helmut Schmidt, er würde zum Arzt gehen, wenn er Visionen hätte, sind Zukunftsgeschichten im politischen Bereich ebenso wichtig wie Geschichten über die Vergangenheit (Gadinger, Jarzebski und Yildiz nennen sie auch »Rückwärtsgeschichten« und »Vorwärtsgeschichten«; GADINGER/JARZEBSKI/YILDIZ 2014: 16ff.). Zukunfts-Narrative stecken in politischen Programmen und Versprechungen; man könnte sagen, Politiker werden wegen ihres Zukunfts-Narrativs gewählt, auch wenn dies vielleicht nur die Schrumpfform eines ›Weiter so‹ aufweist (»Diese oder jene Politikerin hat ihre Sache in den letzten Jahren gut gemacht, dann wird sie dies sicher auch in Zukunft tun.«).

Wenn man sich einmal die größeren, gewagteren Zukunfts-Narrative der letzten Jahrzehnte ansieht, vor allem diejenigen, die ›von unten‹, d.h. nicht aus der offiziell-etablierten Politik kamen, kann man vor allem zwei Typen von (impliziten oder expliziten) Zukunftsgeschichten unterscheiden: *Contra-Geschichten* und *Pro-Geschichten.*

Contra-Geschichten treten gegen einen Missstand ein und entwickeln das Bild einer Zukunft, die sich durch das Fehlen dieses Missstands auszeichnet. Pro-Geschichten zeichnen dagegen ein – zumindest für die Erzähler dieser Geschichten – positives Bild der Zukunft, die durch neue Entwicklungen und nicht allein durch das Wegfallen eines Missstandes geprägt ist. In der Realität mischen sich diese beiden Typen natürlich: Jede ›Contra-Geschichte‹ hat auch Elemente des ›Pro‹, und umgekehrt. Dennoch lassen sich viele politische Bewegungen danach klassifizieren, welcher Kategorie das Hauptaugenmerk der politisch-visionären Argumentation gilt: dem Negativen (»Etwas muss aufhören, dann wird es besser.«), oder dem Positiven (»Lasst uns dieses oder jenes Neue in die Welt bringen.«). Auffallend ist, dass sehr viele politische Bewegungen der letzten Jahrzehnte (und natürlich auch der Jahrhunderte davor) ihre Basis-Narrative eher aus dem ›Dagegen‹ schöpften. Das mag naheliegend erscheinen, waren viele von ihnen doch Bewegungen ›von unten‹, was ja den Impuls der Auflehnung und der Rebellion gegen bestehende Zustände schon in sich trägt. Dennoch ist dies nicht selbstverständlich.

Auch wenn man auf die politisch-gesellschaftlichen Bewegungen der letzten Jahrzehnte zurückschaut, findet man in erster Linie Contra-Narrative: ›Fridays for Future‹ beispielsweise, die wichtigste und bislang erfolgreichste Bewegung von unten seit langem, tritt *gegen* die weitere Produktion von klimaschädlichen Stoffen ein. Wie gesagt: auch in Contra-Narrativen finden sich (fast) immer auch Pro-Anteile: »Wenn der CO2-Ausstoß einmal auf ein umweltverträgliches Maß geschrumpft ist, werden wir in einer gesunden und sauberen Umwelt leben.« Doch wenn man sich die Kommunikation der Protagonisten von ›Fridays for Future‹ ansieht, fällt auf, dass ein Großteil davon eben ›dagegen‹ argumentiert. Ähnliches kann man von Bewegungen wie ›Occupy Wallstreet‹, ›Anonymos‹, ›Empört Euch‹ oder den ›Gilets jaunes‹ etc. sagen. Die Bürgerproteste in der DDR Ende der 1980er-Jahre, die mit zur ›Wende‹ beitrugen, könnte man als ausgeglichen bezüglich ›contra‹ und ›pro‹ bezeichnen: gegen vieles, was die DDR ausmachte, für vieles, was die BRD ausmachte (zumindest, was die große Mehrheit der Demonstranten betraf).

Jetzt betrete ich mit einer steilen These heißen Boden (ich riskiere ein ›OK, Boomer‹ von jüngeren Lesern): Die letzte Bewegung meines Erachtens, bei der der ›Pro‹-Anteil überwog, war die ›Studentenrevolte/68er/Hippie-Bewegung‹, wenn man diese drei Ausprägungen eines Aufstands der Jungen einmal als eine Bewegung betrachtet. Natürlich kamen dabei auch viele ›Contra‹-Anteile zum Tragen, man war gegen traditionelle Lebensformen, gegen den ›Muff aus 1000 Jahren‹ unter den Talaren, gegen kapitalistisches Wirtschaften etc. Dennoch entwickelte dieses Konglomerat aus Aufbrüchen einen Überhang an ›Pro‹: für egalitäre Lebens-, Politik- und Wirtschaftsformen, für neue Gemeinschaften, für ein Leben in Einfachheit und ›Love and Peace‹, für eine Emanzipation aus traditionellen gesellschaftlichen Rollen und so weiter. Kurz: Es war eine Bewegung, die sich durch eine große Zahl an Zukunftsvisionen bezüglich neuer Formen des Lebens und des Zusammenlebens auszeichnete. Ich weiß, es ist derzeit nicht wirklich populär, ein Loblied auf die 68er/Hippies zu singen und es wird nicht wenige geben, die meinem Befund widersprechen würden. Doch mir erscheint es einleuchtend, dass die 68er/Hippie-Bewegung die letzte große gesellschaftlich-politische Bewegung war, die eine positive Zukunftsgeschichte entwarf, d.h. eine Zukunftsgeschichte, die neue Vorstelllungen entwickelte und nicht nur ein Wegfallen von negativen Elementen forderte. Und auch wer dieser Bewegung nicht positiv gegenüber steht, wird zugeben, dass sich unsere Gesellschaft teils in ihren realen Strukturen, teils zumindest in ihren Vorstellungen vom ›guten Leben‹ auch wegen der Impulse dieser Bewegung stark verändert hat: Vermutlich wären ohne sie weder Gleichberechtigung noch Schwulenehe noch Inklusion oder Umweltschutz so weit wie heute.

Aber auch wer meiner Bewertung nicht folgen mag, findet es vielleicht einleuchtend, dass man politische Bewegungen und auch die Programme der Parteien daran unterscheiden kann, ob sie ihrem Denken und Handeln eine ›Contra‹-Zukunftsgeschichte oder eine ›Pro‹-Zukunftsgeschichte zugrunde legt. Und dass – zumindest in den letzten 50 Jahren, vielleicht aber auch schon seit jeher – die ›Contra‹-Narrative stark in der Überzahl sind. Dies hat vielerlei Ursachen. Zum einen ist es natürlich leichter, gegen etwas zu sein als eine positive Vision zu entwickeln. Zum zweiten sind diese Bewegungen mit ›Contra‹-Geschichten eminent wichtig, identifizieren sie doch Missstände und kämpfen dagegen. Nichts liegt mir ferner, als Ökologie- und Klimabewegungen (meist typische Contra-Storys) gering zu schätzen. Dennoch sehe ich eine große Gefahr: Contra-Geschichten motivieren durch Angst: »I want you to panic!«, hat Greta Thunberg den Wirtschaftsführern der Welt in Davos 2019 zugerufen. Natürlich ist Angst ein starker Motivator, vielleicht einer der stärksten überhaupt – wir sehen das, während ich dies schreibe, auch wieder deutlich in der Corona-Krise. Aber er funktioniert nur relativ kurzfristig: Lebt ein Mensch oder eine Gemeinschaft zu lange in Angst, wird sie entweder verrückt – oder gleichgültig: Weil das Monster, das man so fürchtet, vielleicht doch nicht kommt, oder noch nicht, oder weil man einfach diese dauernde Angst nicht mehr ertragen kann und sie verdrängt. Und dann besteht die Gefahr, dass einer Bewegung, die außer ihrer Contra-Geschichte über keine weiteren Narrative verfügt, die Luft ausgeht – man hat das bei Occupy Wallstreet erlebt, bei den Gelbwesten in Frankreich, bei Anonymus sowie bei populistischen Bewegungen wie den Cinque Stelle in Italien.

Contra-Geschichten brauchen entweder den (relativ) schnellen Erfolg – wie etwa die der Montagsdemonstranten in Leipzig und Dresden 1989; sonst fallen sie früher oder später in sich zusammen. Oder aber sie können sich weiter entwickeln zu ›Pro‹-Geschichten und motivieren mit einem positiven Zukunfts-Narrativ Menschen nicht mehr (nur) durch Angst, sondern durch Vorstellungen eines anderen, vielleicht besseren, glücklicheren, selbstbestimmteren Lebens. Wenn auch, wie gesagt, beide Formen von politisch-gesellschaftlichen Zukunftsgeschichten wichtig für eine Demokratie sind, wird – wenn eben die Contra-Geschichte nicht zu einem schnellen Erfolg führt – die

Pro-Geschichte mittel- bis langfristig mehr Wirkung erzielen und mehr Veränderungen anstoßen.

Diese Pro-Geschichten müssen natürlich nicht so vielfältig und weitreichend sein, wie die der 68er/Hippie-Bewegung. Auch relativ spezielle, nur einen Bereich betreffende Pro-Geschichten können große motivierende Wirkung entfalten. Kennedys Ausspruch, Amerika werde noch am Ende dieses Jahrzehnts auf dem Mond landen – Anfang der 1960er-Jahre verkündet – begann ja ursprünglich als eine Contra-Geschichte (die Sowjetunion im Kampf um den Weltall in die Schranken zu verweisen). Sie entwickelte sich jedoch schnell zur Pro-Geschichte, die nicht nur in Amerika, sondern in der ganzen westlichen Welt Technikbegeisterung auslöste und zu zahllosen Innovationen führte, nicht nur zu der legendären Teflonpfanne. Natürlich, müsste man jetzt aus ökologischer Sichtweise sagen, hat diese Technikbegeisterung der 1960er-Jahre auch zu vielen Umweltschäden geführt. Aber ein Zukunfts-Narrativ, dessen Verwirklichung nicht auch zu negativen Folgen führt, gab es noch nie und wird es – solange wir Menschen so sind wie wir sind – vermutlich auch nie geben. Deutlich sehen kann man das an ›großen Erzählungen‹ wie zum Beispiel der marxistisch-kommunistische Erzählung, deren Versuch, ein Paradies auf Erden herzustellen, überall – wenn auch in unterschiedlichen Graden – zu Überwachungsgefängnissen führte. Dennoch hatte diese Erzählung über eineinhalb Jahrhunderte große motivierende Kraft, eben weil sie mehr zu erzählen hatte als die Eliminierung der ›bösen Kapitalisten‹, nämlich die Geschichte von der Gleichheit der Menschen in einer klassenlosen Gesellschaft. Dass diese Geschichte, so wie sie traditionell gefasst war, sich selbst desavouiert hat, bedeutet nicht, dass wir nicht solche großen Pro-Geschichten bräuchten.

Eine Anmerkung noch zum Klimaschutz-Narrativ: Dieses Narrativ ist wohl auch deshalb so erfolgreich, weil es neben der dominanten *Contra*-Dimension auch viele Anteile eines ›kollaborativen‹ *Pro*-Narrativs hat: Natürlich werden die zentralen Weichen für den Klimaschutz in der Politik gestellt, dennoch haben die Menschen das Gefühl, selbst auch Handlungsmöglichkeiten zu haben: Nicht nur durch Protest, sondern auch durch eine Änderung ihres Lebensstils – Verzicht aufs Fliegen, auf Fleisch, Nutzung nachhaltiger Produkte etc. – arbeiten sie mit an einer besseren Zukunft. Allerdings bleibt das Problem aller Contra-Geschichten, dass sich die Zukunftsvision mit einem Sieg über das ›Monster‹, gegen das gekämpft wird, erschöpft – wenn die Politik tatsächlich dazu gebracht wird, die CO2-Emissionen auf ein unschädliches Niveau herunterzufahren, dann ist das Ziel dieser Zukunftsgeschichte erreicht und die dazugehörige Bewegung überflüssig geworden. Ein Kriterium für auch längerfristig erfolgreiche Zukunfts-Narrative wäre, dass sie *reich* sind, sich nicht nur im Kampf gegen einen Gegner erschöpfen, sondern vielfältige Aspekte einer wünschenswerten Zukunft berücksichtigen.

Wenn Zukunfts-Narrative fehlen …

Hat eine Gesellschaft keine attraktive Zukunftsgeschichte, die Menschen mitnehmen und begeistern kann (und ihrem Handeln einen Sinn gibt), bieten sich nur zwei Alternativen an: Die Zukunft als verlängerte Gegenwart oder die Zukunft als Rückkehr zu einem früheren Zustand. Die erste Variante setzt – damit sie halbwegs konsensfähig ist – in demokratischen Gesellschaften eine im Großen und Ganzen als befriedigend erlebte Gegenwart voraus, zumindest für eine (politische) Mehrheit. Politik wird dann mehr oder weniger als Verwalten und Managen des Status quo wahrgenommen, also genau als die Art von Politik, die häufig Merkel und der CDU vorgeworfen wird: Eine Politik des ›Weiter so‹. Menschen begeistern kann man damit in der Regel nicht und es stellt sich auch die Frage, inwieweit eine solche, in großen Teilen saturierte Gesellschaft auf veränderte Rahmenbedingungen adäquat reagieren kann – mit Ausnahme von kurzfristigem Krisenmanagement. Ich bin davon überzeugt, dass zumindest unsere westliche Kultur schwer damit umgehen kann, wenn es keine Zukunftserzählung gibt, die einen Schatz in Aussicht stellt, für den es sich lohnt, zu hoffen, sich zu engagieren und zu arbeiten. In der Vormoderne konnte die Aussicht auf eine lohnenswerte Zukunft ins Jenseits verlagert werden und die Welt wurde als im Grunde ewig gleiches Jammertal gesehen, in dem sich nichts entwickeln konnte und sollte, sondern in dem man sich nur zu bewähren hatte. Spätestens mit dem Entstehen der Geschichtsphilosophie im 18. Jahrhundert und dem auch damit verknüpften Wachstums-Narrativ (vgl. Kapitel 3) wurde der anstrebenswerte Zukunftszustand vom Jenseits ins Diesseits, und zwar in die Zukunft verlegt, wie es beispielhaft Friedrich Schiller in seiner Vorlesung *Etwas über die erste Menschengesellschaft* (1790) beschrieb: »Aber der Mensch war zu etwas ganz anderm bestimmt, und die Kräfte, die in ihm lagen, riefen ihn zu einer ganz andern Glückseligkeit. Was die Natur in seiner Wiegenzeit für ihn übernommen hatte, sollte er jetzt selbst für sich übernehmen, sobald er mündig war. [...] Er sollte den Stand der Unschuld, den er jetzt verlor, wieder aufsuchen lernen durch *seine Vernunft* und als ein freier, vernünftiger Geist dahin zurückkommen, wovon er als *Pflanze* und als eine Kreatur des Instinkts ausgegangen war« (SCHILLER [6]1980: 768). Als Referenz dahinter liegt die biblische Geschichte von der Vertreibung aus dem Paradies. Die Aufgabe des Menschen ist es nach der Schiller'schen Geschichtsphilosophie (und der meisten anderen geschichtsphilosophischen Modelle bis hin zu Marx), das Paradies auf Erden wiederherzustellen.

In der Wahrnehmung vieler – vor allem im Westen – war beim Ende des Kalten Krieges ein Zustand erreicht, in dem dieses von Schiller formulierte Ziel wenn nicht auf der Ebene aller

Einzelheiten, so doch auf der systemischen Ebene gewissermaßen erreicht war: Man hatte mit der Demokratie das optimale politischer System und mit einer kapitalistischen Marktwirtschaft das anscheinend optimale Wirtschaftssystem gefunden. Die Geschichte der Aufklärung als Entwicklungsgeschichte schien auserzählt, und Francis Fukuyama konstatierte das »Ende der Geschichte« im Sinne der Geschichtsphilosophie (FUKUYAMA 1992). Westliche Politik sah sich damit der Aufgabe entledigt, Zukunfts-Narrative, Visionen von zukünftigen gesellschaftlichen Modellen zu entwickeln (Helmut Schmidts schon viel früher geäußertes Bonmot über Visionen, wurde in den 1990er-Jahren viel zitiert). Es genügte ja, den erreichten und global scheinbar siegreichen markt-demokratischen Zustand ›feinzutunen‹ und vor allem zu exportieren, zunächst in die ›befreiten‹ Länder Osteuropas, dann in die ganze Welt. Genau das ist eines der Grundprobleme der politischen Weltlage oder zumindest der in Europa, wie Ivan Krastev und Stephen Holmes (KRASTEV/HOLMES 2019) konstatieren. In ihrem sehr einleuchtenden Versuch, zu erklären, warum gerade in osteuropäischen Ländern wie Ungarn oder Polen rechtspopulistische Parteien an die Macht gekommen waren, stellen sie fest, dass ein Problem in der Spannung zwischen Nachahmern und Nachgeahmten liege. Wenn – wie der Westen proklamierte – 1989 das beste System gesiegt hatte, war es naheliegend, dass auch von anderen Ländern verlangt wurde, genau dieses System zu installieren. Die EU machte ja die Parameter dieses Systems – sowohl die politischen wie auch die ökonomischen – geradezu zum Aufnahmekriterium in das vereinigte Europa. Damit entstand laut Krastev und Holmes ein Machtgefälle zwischen Nachahmern und Nachgeahmten: »Die hier zur Debatte stehende Form der groß angelegten institutionellen Nachahmung umfasst erstens eine anerkannte moralische Überlegenheit des Nachgeahmten gegenüber seinen Nachahmern, zweitens ein politisches Modell, das behauptet, alle existenzfähigen Alternativen beseitigt zu haben, drittens eine Erwartung, dass die Nachahmung bedingungslos und nicht an lokale Traditionen angepasst sein wird und viertens den anmaßenden Anspruch der Vertreter der zu imitierenden Länder, den Fortschritt der nachahmenden Länder dauerhaft beobachten, überwachen und bewerten zu dürfen.« (KRASTEV/HOLMES 2019: 17). Kein Wunder, so deren weitere Analyse, dass dieses Gefälle nicht nur zu Unmut, sondern auch zur Kränkung führte und zu einer Rückbesinnung auf die (tatsächlichen oder fiktiven) eigenen Traditionen bzw. den ›Willen‹ des eigenen Volkes. Gemäß dem Anspruch des Westens war tatsächlich nach dem Ende des Kalten Krieges das Ende der Geschichte erreicht. Das einzige legitime Zukunfts-Narrative war für alle Nationen die Übernahme des westlichen markt-demokratischen Systems. Man kann verstehen, dass es nur kurzfristig ein attraktives Zukunfts-Narrativ war, da dessen Schatz bereits gewonnen war und so keinerlei Raum für eigene Erfahrungen und Entwicklungen bot.

Wenn aber einem sozialen System, einer Gesellschaft über längere Zeit ein attraktives oder motivierendes Zukunfts-Narrativ fehlt, dann bleiben, wie oben ausgeführt, zwei Ausweichmöglichkeiten: das ›Weiter so‹ oder der Rückgriff auf früher. ›Weiter so‹ funktioniert nur zum Preis der Selbstverleugnung, mit der man sich den Nachgeahmten unterordnet. Also scheint für viele Gesellschaften der Ausweg in einem rechtspopulistischen oder fundamentalistischen Rückgriff auf die eigene Tradition und auf frühere Zustände, als man noch nicht unter der Überwachung anderer Nationen stand.

Das Fehlen eines mitreißenden, begeisternden oder zumindest überzeugenden Zukunfts-Narrativ, das den Wählern eine Perspektive und das Gefühl, an einer positiven Zukunft mitwirken zu können gibt, öffnet populistischen Narrativen und damit Ideologemen Tür und Tor.

Das Vakuum, das nach 1990 aus dem Gefühl entstand, das Ende der Geschichte sei erreicht und es bedürfe keiner mitreißenden Zukunftsgeschichte mehr, sondern es reiche ein ›Weiter so‹, war damit eines der Einfallstore für rechte, rechtspopulistische und rückwärtsgewandte Bewegungen. Für deutsche Verhältnisse gesprochen: Die Weigerung der etablierten Parteien, sich um eine kohärente Zukunftserzählung zu kümmern, kann man auch als mitschuldig daran sehen, dass sich viele Menschen in einer zunehmend globalisierten, digitalisierten, multikulturellen Welt überfordert mit ihrer eigenen Sinnkonstruktion sehen, was ja häufig als eine zweite zentrale Einflugschneise für rechte Ideologeme angesehen wird. Gerade Globalisierung und Digitalisierung wurden und werden sowohl von den meisten politischen Parteien, als auch von der Wirtschaft, als etwas behandelt, das ›alternativlos‹ hingenommen werden muss. Natürlich ist die Digitalisierung ein Faktum, doch man könnte ja Zukunfts-Narrative entwickeln, in denen zum Thema wird, wie wir als Gesellschaft damit leben wollen, wie wir sie gestalten wollen. Wenn man Menschen mitgenommen hätte zu einer Gestaltung einer digitalisierten und globalisierten Zukunft – anstatt immer nur alles wie die ›Opferlämmer‹ als unausweichlich und ›alternativlos‹ zu betrachten – hätte man mehr von ihnen erreicht. Das Erstarken des Rechtspopulismus in Deutschland, aber auch in den meisten anderen europäischen Ländern hat auch damit zu tun, dass die meisten etablierten Parteien und politischen Bewegungen kein überzeugendes und mitreißendes Zukunfts-Narrativ zu bieten haben. Eine Ausnahme ist im Moment vielleicht die ›Fridays for Future‹-Bewegung, von der auch die Grünen profitieren. Die Frage ist hierbei, wie gesagt, inwieweit es dieser Bewegung gelingen wird, aus ihrem Contra-Narrativ ein Pro-Narrativ zu entwickeln.

Varianten der Pro- und Contra-Geschichten

Natürlich gibt es zu jeder Geschichte und jedem Geschichtstypus beliebig viele Varianten. Dennoch lassen sich einige Haupttypen der Pro- und Contra-Geschichten und ihrer Mischformen identifizieren. Ich benutze dabei – eher metaphorisch als systematisch – die Story-Typen des Drehbuchautors Blake Snyder, der 10 »Story Genres« unterscheidet, denen die meisten Kinofilme seiner Meinung nach angehören (SNYDER 2005). Vier davon verwende ich im Folgenden leicht abgewandelt.

Monstergeschichten – der Kampf um Leben und Tod

Das erste dieser Genres ist ›Monster in the House‹. In diesen Geschichten geht es darum, dass ein ›Monster‹ oder sonst ein gefährliches Wesen in einen geschlossenen Raum eindringt, und sich für den Protagonisten, der nicht fliehen kann, ein Kampf auf Leben und Tod entspinnt. Ein Musterbeispiel dieses Geschichten-Genres ist Ridley Scotts Film *Alien* (1979), in dem die Protagonistin in einem Raumschiff gegen ein außerirdisches Monster kämpfen muss. In politischen oder gesellschaftlichen Geschichten können diese Monster alle möglichen Gestalten annehmen: Die Klimakatastrophe oder die Umweltverschmutzung sind solche Monster, oder auf rechtspopulistischer Seite die Einwanderung oder die ›Islamisierung‹. ›Monster in the House‹ ist der am meisten verbreitete Typus der ›Contra‹-Geschichte. Dies liegt wahrscheinlich daran, dass wir Menschen offenbar dazu neigen, Neues (ob das neue Menschen oder neue Entwicklungen sind) zunächst einmal als eine Gefahr wahrzunehmen. Diese Monstergeschichten kommen, wie die bisherigen Beispiele gezeigt haben, in ganz unterschiedlichen politischen Kontexten vor. Besonders beliebt sind sie zurzeit vor allem bei konservativrechtspopulistischen Akteuren: Wenn zum politischen Basis-Narrativ gehört, dass der Status quo bzw. ein früherer Zustand der ideale ist, dann muss alles Neue als illegitimer Eindringling gesehen werden, den es zu bekämpfen gilt. Nicht umsonst ist in den Narrativen dieser Gruppen die Zahl der ›Monster‹ Legion: Einwanderer, Moslems, Homosexuelle, globale Eliten, alle die nicht dem (›einfachen‹) Volk angehören, die Medien, etc. werden bekämpft (vgl. dazu auch MÜLLER/PRECHT 2019). Allerdings existieren, wie ebenfalls die Beispiele oben zeigen, Monstergeschichten in allen politischen Lagern, denn auch das Klimaschutz-Narrativ ist letztlich eine ›Monster‹-Geschichte.

Zwischen Contra und Pro: Anpassungsgeschichten

In der Mitte zwischen Contra- und Pro-Geschichten lassen sich die ›Anpassungsgeschichten‹ situieren (bei Snyder heißt ein ähnliches Genre »Institutionalized«). In diesen Geschichten wird eine Entwicklung, eine Veränderung in der Welt identifiziert, die tendenziell als negativ bewertet, aber gleichzeitig als unausweichlich wahrgenommen wird, und daher nicht, wie ein ›Monster‹ eliminiert werden kann. Die Protagonistin dieser Geschichte muss einen Kompromiss finden und sich dieser Veränderung der Welt, dieser neuen Situation anpassen. Zurzeit sind sehr viele Narrative um Themen wie die Digitalisierung oder die Globalisierung von diesem Typus: Die Digitalisierung kommt, sie ist unausweichlich, wir können uns ihr nicht entgegenstellen, sondern wir müssen uns mit ihr so gut es geht arrangieren und das Beste aus ihr machen. In diesen Geschichten ist die Digitalisierung, ähnlich wie das Monster, etwas, das von außen in unsere Welt kommt, ganz bestimmte Eigenschaften hat, die kaum veränderbar sind und als Faktum hingenommen werden müssen. Ähnliche Anpassungs-Narrative werden (oder wurden) auch über andere Entwicklungen, wie zum Beispiel die ›Globalisierung‹ erzählt, und das Anpassungs-Narrativ wird auch gerne verwendet, wenn die kapitalistische bzw. neoliberale Marktwirtschaft als geradezu metaphysische Größe dargestellt wird: Die Märkte sind halt so und wollen es so, und entweder man verhält sich nach den Gesetzen des Marktes (passt sich also an) oder man geht unter.

Natürlich koexistieren zeitgleich immer auch andere Narrative, etwa solche, die von den Chancen der Digitalisierung oder der neoliberal befreiten Märkte erzählen und eher optimistisch gestimmt sind, aber auch sie verwenden das Anpassungs-Narrativ: Das Faktum, um das es geht, wird auch hier als nahezu erratische Größe dargestellt, deren Eigenschaften nicht oder kaum veränderbar scheinen. In dieser positiven Variante der Anpassungsgeschichten werden sie jedoch mit dem Vorzeichen erzählt, dass man sich ihnen gerne anpasst, weil man Chancen und Möglichkeiten darin erkennt. In diesem Fall tendiert die Anpassungsgeschichte weniger zu einer Contra-Geschichte, sondern zu einer ›Günstiges-Schicksal-Geschichte‹.

Auffallend ist, dass in unserer Gesellschaft gerade zu wichtigen Entwicklungen (eben der Digitalisierung oder auch der Globalisierung) vor allem Anpassungsgeschichten (wenn nicht gleich Monster-Geschichten) erzählt werden. Im öffentlichen Diskurs werden zum Beispiel über die Digitalisierung immer wieder Themen wie der Verlust von Arbeitsplätzen, der Anpassungsdruck von Arbeitnehmern bezüglich ihrer Qualifikationen sowie die unausweichlichen Veränderungen in Arbeitswelt, Gesellschaft und Wirtschaft in den Vordergrund gestellt. Es werden aber zu diesen Themenfeldern kaum Narrative entwickelt und Geschichten erzählt, in denen positive Zukunftsvisionen etwa darüber entworfen werden, wie wir als Gesellschaft in Zukunft leben und wie wir daher die Digitalisierung gestalten, verändern, weiterentwickeln wollen. Das wäre dann eine Pro-Geschichte – die es zur Digitalisierung sicher auch gibt, die aber nicht den Mainstream des gesellschaftlichen Diskurses bestimmt.

Bevor wir zu den Varianten der Pro-Narrative kommen, hier eine kurze Zwischenbemerkung: Meine Ausführungen zu den vorherrschenden Diskursen sind natürlich Abstraktionen eines Zeitungslesers und nicht wissenschaftlich bzw. empirisch belegte Erkenntnisse. Dazu würde es größerer Forschungsprojekte bedürfen, die mediale Diskurse über Jahre verfolgen und überprüfen, welche von ihnen dominant und welche marginal sind. Aber ich diskutiere meine Beobachtung mit vielen Menschen unterschiedlicher politischer Herkunft, und in aller Regel deckt sich deren Beobachtung zumindest in den Hauptrichtungen mit meiner. Also: Bitte lesen Sie dies als Denk- und Diskussionsanregung und nicht als gesicherte Erkenntnis.

Varianten der Pro-Geschichte: Das Goldene Vlies und der Aufbruch ins Unbekannte

Natürlich lassen sich auch bestimmt sehr viele unterschiedliche Typen von Pro-Geschichten finden. Zwei davon erscheinen mir typlogisch als die wichtigsten: Das ›Goldene Vlies‹ und der ›Aufbruch ins Unbekannte‹ (die letztere gibt es bei Blake Snyder so nicht). Die marxistische Zukunftsgeschichte ist ein Beispiel für den Typus ›Goldenes Vlies‹: Es existiert ein formuliertes Ziel, auf das man das zukünftige Handeln ausrichtet, in diesem Fall die klassenlose, nicht-kapitalistische Gesellschaft. Ob man dieses Ziel je erreicht oder ob es sich im Lauf des Weges dorthin verändert, ist eine andere Frage. Manchmal spalten sich auch Gruppen ab, die dann andere Wege oder Varianten des Weges verfolgen – in der kommunistischen Welt gab es immer ›Rechtsabweichler‹ oder ›Linksabweichler‹ und Trotzkisten etc. Als ein Beispiel für den Aufbruch ins Unbekannte könnte man die Hippiebewegung sehen: Hier gibt es zwar Vorstellungen, was man tun möchte und wie man in Zukunft leben könnte; diese sind aber nicht wie beim ›Vlies‹ als ein genaues Ziel definiert, das es zu erreichen gilt. Man möchte irgendetwas anderes unternehmen, Schritte in Richtung einer positiven Veränderung machen, aber wo man damit hinkommt oder ob man einfach immer weiter geht, bleibt offen. Dieser Typus von Geschichten ist also sehr viel offener als das ›Vlies‹, das seinerseits gerne zur ideologischen Verhärtung und Sektenbildung neigt, wenn zu stark die ›reine Lehre‹ vertreten wird. Dennoch brauchen auch Zukunftsgeschichten vom Typus des ›Aufbruchs ins Unbekannte‹ eine zwar schwammige, aber doch emotional attraktive Vision – im Fall der Hippiebewegung könnte man vielleicht sagen, ein Leben in Liebe und Harmonie wäre eine solche ›wolkige‹ Vision.

Eine Zukunftsgeschichte vom Typus des ›Goldenen Vlieses‹ ist natürlich tendenziell mehrheitsfähiger als eine vom Typus des ›Aufbruchs‹, denn die meisten Menschen wissen gerne, wohin die Reise geht. Der ›Aufbruch‹ ist anspruchsvoller, experimenteller – er entspricht vielleicht eher der Mentalität eines Start-up-Gründers, während das ›Vlies‹ eher Menschen mit klarer und definierter Karriereplanung anspricht, die genau wissen, wo sie in 20 Jahren stehen wollen. Und das ist, vermute ich, die Mehrheit. Dennoch gab es auch immer wieder Zukunfts-Narrative, die eher dem ›Aufbruch‹-Schema entsprachen, etwa die Aufklärung im 18. Jahrhundert (die natürlich nahezu ausschließlich von Intellektuellen getragen wurde) oder die Lebensreform-Bewegungen Anfang des 20. Jahrhunderts. Da diese Bewegungen kein eindeutig formuliertes Ziel hatten und haben, konnten sie auch kein solches erreichen und waren gerade deshalb eben nicht in Gefahr, dieses Ziel beim Erreichen zu desavouieren, wie es dem real existierenden Sozialismus ja geschehen ist. Überhaupt ist ein Problem bei der Vlies-Geschichte nicht zuletzt, dass eine klare Zielformulierung ja auch bedeutet, sich am Erreichen dieses

Ziels messen lassen zu müssen. Diese Formulierung mag ironisch klingen, aber ich denke, es ist tatsächlich häufig Erfolg versprechender, Ziele nicht oder nur vage zu formulieren, wenn es um die Zukunft geht, und diese vagen Ziele als Heuristiken zur Auswahl der Wege und nicht als unter allen Umständen zu erreichende zu sehen. Denn es ist in der Wirklichkeit alles oft ein ›bisschen schäbiger und dreckiger, als im Prospekt‹, sagt sinngemäß der österreichische Kabarettist Josef Hader.

Der Kreislauf der Zukunftsgeschichten

Sieht man sich die vier Typen von Zukunftsgeschichten, die ich identifiziert habe – man kann sicher noch mehr finden – in der Realität an, dann kann man manchmal eine Entwicklung von einem Geschichtstypus zum anderen auf einem angenommenen Kreis der vier Typen von Zukunfts-Narrativen annehmen:[5] Eine Geschichte kann als Contra-Geschichte vom Typ »Monster in the House« beginnen, dann vielleicht, weil man am Sieg zu verzweifeln beginnt, Anpassungsgeschichten als zweiter Erzählstrang dazukommen. Oder während des Kampfes entwickeln sich Vorstellungen von einem Ziel, das über das Besiegen des Monsters hinausgeht (Vlies-Narrativ), um schließlich zu entdecken, dass dieses konkret formulierte Ziel gar nicht mehr notwendig ist, sondern dass man viele Wege vor sich hat, um Neues zu erobern und zu entdecken.

Sehen wir uns dies einmal am Beispiel der Klimaschutz-Bewegung und ihrer Narrative an: Dominant ist hier (noch) der Corona-Typ, wie ich schon öfter angemerkt habe: Es geht um einen Kampf gegen alles, was zur Klimaerwärmung beiträgt. In jüngster Zeit (2019) kommen als zweiter Erzählstrang vermehrt Anpassungs-Narrative dazu; bekannt geworden ist vor allem Jonathan Franzens Buch *Wann hören wir endlich auf, uns etwas vorzu-*

machen? Gestehen wir ein, dass wir die Klimakatastrophe nicht verhindern können (FRANZEN 2020). Der Titel sagt schon alles: Der Autor erzählt eine ›Anpassungs‹-Geschichte und macht sich Gedanken darüber, mit welchen technologischen und sozialen Mitteln man diese Anpassung hinbekommen könnte.

Abb. 4: Der Kreislauf der Zukunftsgeschichten

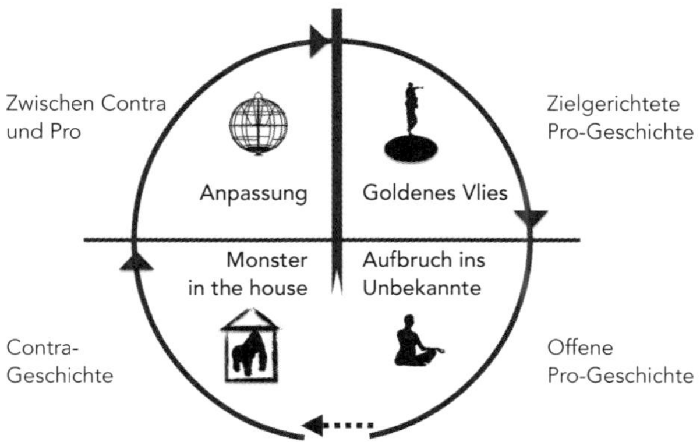

Wie es weitergeht mit diesen Narrativen, darüber können wir nur spekulieren. Vielleicht entwickelt die Klimaschutz-Bewegung in der Auseinandersetzung dieser beiden Narrative schließlich ein ›Vlies‹-Narrativ, in dem es anstelle eines negativen Ziels (das Monster besiegen) ein positives gibt: eine Utopie, wie wir in unserer Umwelt in Zukunft leben wollen, die auch soziale und politische Ziele mit einschließt. Es spricht viel dafür, dass eine solche Weiterentwicklung notwendig ist, will eine politische oder gesellschaftliche Bewegung überleben. In ähnlicher Weise formuliert dies auch der Politikwissenschaftler Claus Leggewie in einem Interview mit der Zeitschrift *Brand Eins*: »Fridays for Future wird meiner Ansicht nach nur vorankommen, wenn sie sich nicht wie

Occupy von der politischen Macht ausschließt, sondern eine ökologische Reformperspektive für Europa entwickelt. Das klingt bescheiden, wäre aber revolutionär.« (LEGGEWIE 2020).

Und schließlich könnte sich – wenn ein solches Reform-Narrativ seinen Weg in die politische Umsetzung gefunden hat, und man das Vlies (fast) schon in den Händen hält – ein ›Aufbruch‹-Narrativ entwickeln, das eine Haltung definiert, die sich zu neuen Möglichkeiten aufmacht, und irgendwann ist dann dieses Narrativ vielleicht nicht mehr nötig, weil diese Haltung in der Gesellschaft selbstverständlich geworden ist (aber jetzt entwickle ich wohl selbst gerade so ein utopisches Aufbruch-Narrativ). Auf jeden Fall könnte es dann sein, dass die Klimaschutz-Bewegung damit ihre Aufgabe erfüllt und sich selbst überflüssig gemacht hat. Der Kreislauf der Zukunfts-Narrative (s. Abb. 2) hätte sich dann erfüllt – und würde vielleicht wieder mit neuen Geschichten beginnen.

KAPITEL 2
IM MASCHINENRAUM: DIE MECHANIK DES POLITISCHEN STORYTELLING

Geschichten und Frames

Der Begriff des ›Politischen Framing‹ hat – nicht zuletzt seit Elisabeth Wehlings gleichnamiges Buch in den Bestsellerlisten war (WEHLING 2016) – im politischen Betrieb ziemlich Furore gemacht. Deshalb hier noch ein kurzer Diskurs zur Beziehung von Frames und Geschichten bzw. Narrativen.

›Frames‹ sind (Be-)deutungsrahmen, die mit Begriffen oder Metaphern verbunden sind und direkt in unserem Gehirn wirken. Sprache, so die Ergebnisse der Kognitionswissenschaften, aktiviert diese Frames im Gehirn. Ein einfaches Beispiel wäre der Begriff ›Steuerlast‹: Durch die damit verbundene Bedeutungskomponente der Schwere ist damit von vorneherein ein negatives Framing verbunden: Steuern sind eine Last – kein Wunder, das wir daraufhin zu Methoden der Steuervermeidung greifen (Näheres zu diesen Beispielen vgl. WEHLING 2016: 104ff.).

Hinter vielen dieser Frames verbergen sich Narrative, wie auch Wehling erläutert; im Zusammenhang mit dem Frame ›Klimaschutz‹ bzw. ›Schutz‹ schreibt sie: »Kern des Frames ist eine simple moralische Erzählung: Ein Bösewicht oder eine Gefahr bedroht ein potenzielles Opfer, ein Held greift ein und bietet Schutz. Diese Erzählung strukturiert eine ganze Reihe unserer gängigen politischen Begriffe, ohne dass allerdings benannt wird – und das ist spannend –, von wem jeweils die Gefahr ausgeht« (WEHLING 2016: 183). In meiner Terminologie steckt hinter diesem Framing also eine Contra-Geschichte vom ›Monster‹-Typus. Ich denke, ähnlich wie bei diesem Beispiel ist es bei sehr vielen Frames: Sie sind mit Bedeutung aufgeladen, weil es kulturelle oder gesellschaftliche Narrative gibt, in denen der entsprechende Begriff eine bestimmte Rolle spielt (in diesem Fall als Endzustand einer narrativen Struktur). Will man die Semantiken der Frames wirklich verstehen, kommt man daher um eine narrative Analyse nicht herum, wie sie auch Wehling in der oben zitierten Passage macht. Narrative Strukturen bilden damit die Basis zumindest sehr vieler Frames.

Stellschrauben des politischen Storytelling

Geschichten und Narrative sind immer Konstruktionen; darauf bin ich ja schon in Kapitel 1 eingegangen: Ähnlich wie sich ein Fotograf für einen Ausschnitt aus der Welt, den er abbilden möchte, entscheiden muss, muss sich der Erzähler für eine Auswahl aus dem Strom der Geschehnisse entscheiden, die er in seine Geschichte aufnehmen möchte. Auch jede ›wahre‹ Geschichte impliziert eine solche Auswahl, die man auch anders treffen könnte. Und jeder Erzähler trifft eine solche Auswahl, ob ihm dies bewusst ist oder nicht. Wenn wir von alltäglichen Erlebnissen berichten, machen wir dies meist unbewusst.

Viele von den Entscheidungen, die wir dabei treffen, orientieren sich an bestimmten Stellschrauben, die gewissermaßen ein

Alphabet des Erzählens ausmachen. Jede Drehung an einer solchen Stellschraube verändert die Geschichte und damit natürlich auch ihre politische, ideologische, soziologische oder wertende Aussage. Eine grundsätzliche ethische Frage dabei ist natürlich immer, wie nah an den Fakten, an den tatsächlichen Geschehnissen eine Veränderung bleibt. Oder ob fiktive Ereignisse eingeführt werden – ähnlich wie ein Fotograf mit nachträglichen Fotoshop-Retuschen sein Bild verfälschen kann. Aber es gibt nicht die eine wahre Geschichte, sondern mehrere Geschichten aus verschiedenen Perspektiven, mit verschiedenen Anfängen und Enden. Und im Idealfall ist das Ringen um die ›richtige Geschichte‹ ein Diskurs über die (gesellschaftliche) Wirklichkeit, in der wir leben (wollen). Natürlich gibt es Geschichten-Varianten, die näher an einem gesellschaftlichen Grundkonsens darüber sind, was Fakten sind und wie unsere Wirklichkeit beschaffen ist, und andere, die weiter weg davon sind.

Die folgende Beschreibung der Stellschrauben des politischen Storytelling bezieht sich auf die Bestandteile von Geschichten, wie sie in der Einleitung dargestellt wurden. Sie mag manchem Leser vielleicht auf den ersten Blick machiavellistisch erscheinen: eine Mechanik der narrativen Macht, die sich die Geschichten zurechtbastelt, gerade wie es in ihren Kram passt. Und auf der reinen Werkzeugebene ist es – wie jede politische oder machtausübende Anwendung von Werkzeugen – tatsächlich machiavellistisch, was aber nicht per se ›böse‹ sein muss. Die ethische Auseinandersetzung beginnt erst mit der Frage, was ein Akteur genau mit diesen Werkzeugen anstellt (trägt er oder sie z.B. mehr zu einer Erweiterung oder Einschränkung persönlicher Freiheiten bei), wie er das genau macht (z.B. manipulativ durch große Vereinfachung oder durch ein Narrativ, das der Komplexität der Materie gerecht wird) und mit welcher Grundhaltung er oder sie handelt (die sich auch als das Basis-Narrativ oder die Core Story einer politischen Agenda beschreiben lässt).

Wer also die narrative Ebene politischen Handelns nicht ignorieren will (womit er entscheidende Funktionsweisen der politischen Willensbildung verkennen würde) – ob als Akteur oder Beobachter des politischen Systems – sollte diese Stellschrauben kennen. Sie bilden gewissermaßen die Grundlage einer narrativen Alphabetisierung, einer narrativen Kompetenz und Intelligenz, die unsere Gesellschaften dringend braucht. Denn wer diese Stellschrauben kennt, durchschaut einerseits manipulative Narrative besser und kann sich gegen diese Art von Storytelling wehren. Andererseits kann er mit diesen Werkzeugen auch eigene politische Ziele erfolgreicher in Geschichten umsetzen.

An dieser Stelle eine Anmerkung: Den ursprünglichen Impuls, über die Stellschrauben politischer Narrative nachzudenken, verdanke ich dem Politikberater und Autor Erik Flügge, der in einem Vortrag beim Stuttgarter Storytelling-Camp 2018 das folgende Beispiel verwendet hat (das ich in meiner Terminologie reformuliert habe):

Das ursprüngliche Narrativ der sogenannten ›Flüchtlingskrise‹ war folgendes:

A: In Syrien wütet ein schrecklicher Krieg.
T: Viele Menschen sind daher zur Flucht nach Europa gezwungen.
E: Wir nehmen sie auf und versuchen, ihnen Asyl zu gewähren.

Dieses Narrativ war die Grundlage der ›Begrüßungskultur‹ im Spätsommer 2015, in dem überwältigend viele Menschen in München und anderen Städten die Flüchtlinge in Empfang nahmen und mit dem Nötigsten versorgten.

Wie Erik Flügge in seinem Vortrag betonte, »haben wir den Krieg verloren«. Das heißt, der Anfang des Narrativs wurde weggestrichen und ein neuer Anfang gesetzt, wodurch sich das gesamte Narrativ veränderte:

A: Merkel hat die Grenze geöffnet (ein Ereignis, das nie stattgefunden hat).
T: Dadurch kam eine überwältigende Flut von Flüchtlingen ins Land.
E: Deutschland ist dadurch komplett überfordert.

Das veränderte Narrativ erzeugt einen völlig anderen Blick auf die Flüchtlinge: Sie sind plötzlich nicht mehr Opfer eines grausamen Krieges, sondern eine unpersönliche ›Flut‹, die wegen eines Politikfehlers der Bundeskanzlerin ins Land geschwappt ist. Die Vorgeschichte der Flüchtenden ist dadurch gekappt.[6] Erik Flügge denkt übrigens ebenfalls viel über die Geschichten der Politik nach – empfohlen sei sein Buch *Deutschland, du bist mir fremd geworden* (FLÜGGE 2018).

Stellschraube 1: Den Anfang einer Geschichte wählen

Wie das Beispiel des Flüchtlings-Narrativs verdeutlicht, macht es offenbar einen Unterschied, mit welcher Begebenheit ich eine Geschichte beginnen lasse: mit dem Krieg in Syrien oder der angeblichen ›Grenzöffnung‹ durch Merkel. Ein anderes Beispiel wäre das Narrativ von der Wende bzw. dem Mauerfall: Auch hier entstehen unterschiedliche Geschichten, je nachdem, ob ich die Geschichte der Wende bei den friedlichen Protesten in Leipzig und Dresden 1989 beginnen lasse, bei der Maueröffnung oder beim Einigungsstaatsvertrag und der Etablierung der Treuhand. Im ersten Fall handelt die Geschichte von einer erfolgreichen Protestbewegung, die mit dazu beigetragen hat, eine große Veränderung zu schaffen. Im zweiten Fall ist es vielleicht die

Geschichte eines dummen Fehlers (Günter Schabowski liest bei einer Pressekonferenz falsch von seinem Zettel ab und öffnet damit die Grenze »unverzüglich«), der zu einer historischen Veränderung führt. Und im dritten Fall könnte so eher die Geschichte eines Niedergangs der Ost-Wirtschaft beginnen.

Alle drei möglichen Anfänge der Geschichte der Wende beruhen auf tatsächlichen Geschehnissen. Eine seriöse historische Darstellung würde natürlich alle drei Geschehnisse mit einbeziehen. Vermutlich würde sie noch einige weitere Aspekte berücksichtigen und ihre Bedeutung für die Wende kritisch würdigen. Dadurch würde allerdings ein ziemlich komplexes und umfangreiches Werk entstehen. Im journalistischen und politischen Alltag kann man natürlich nicht immer in einer wissenschaftlich fundierten Weise eine Geschichte ausbreiten, sondern muss, – vor allem in der Politik – um Wirkung zu erzielen, vereinfachen. Insofern ist es vermutlich gerechtfertigt, eine Auswahl aus den tatsächlichen Ereignissen zu treffen. Man kann sich jedoch unschwer vorstellen, welche politischen Agenden hinter der jeweiligen Wahl eines Anfangs der Geschichte stecken. Lasse ich das Wende-Narrativ bei den Bürgerprotesten beginnen, erzähle ich die Wende als eine Revolution von unten und stelle die Bürgerinnen und Bürger der DDR als ProtagonistInnen in den Mittelpunkt meiner Geschichte. Lasse ich die Geschichte dagegen mit Schabowskis Fehler beginnen, blende ich den gesamten ernsten Hintergrund dieser Ereignisse aus und erzähle die Wende eher als Humoreske – und das mit einer eher kritischen oder scheinbar sympathisierenden Intention: »So blöd waren die!« Oder: »So liebenswert verplant waren die!« Und die Erzählung, die mit dem Wiedervereinigungsvertrag und / oder der Gründung der Treuhand beginnt, vermittelt damit, dass die wirklich wichtigen Ereignisse erst mit der Übernahme der Kontrolle durch die Akteure der alten BRD begannen. Das wäre die Siegergeschichte des Westens über den Osten – je nach politischer Agenda in einer zustimmenden oder kritischen Absicht erzählt.

Stellschraube 2: Das Ende der Geschichte festlegen

Ähnlich wie bei der Frage des Anfangs liegt es auch in der Verantwortung des Erzählers, an welchem Punkt er seine Geschichte enden lässt. Wiederum am Beispiel der Wende: Es macht offenbar einen Unterschied, ob ich diese Geschichte mit der Wiedervereinigung am 3. Oktober 1990 enden lasse oder etwa 1997 zu einer Zeit mit hoher Arbeitslosigkeit und zahlreichen ›abgewickelten‹ Unternehmen. Auch in ›Erfolgsstorys‹ von Politikern oder Managern spielt es eine Rolle, ob er oder sie die Geschichte mit einem Erfolg beendet und eventuell negative Konsequenzen weglässt. So könnte etwa der Verkehrsminister Scheurer die Geschichte der Autobahnmaut als Erfolgsgeschichte erzählen, indem er mit der Zustimmung im Parlament endet – und das spätere Verbot durch den europäischen Gerichtshof nicht mehr miterzählt (eine Strategie, die allerdings nur bei sehr eingeschworenen Anhängern funktionieren dürfte und vom Wissen der Zielgruppe abhängig ist). Was in diesem Fall absurd klingt, wird jedoch im öffentlichen Diskurs – absichtlich oder unabsichtlich – häufig praktiziert. Und zwar dadurch, dass man ein Narrativ ab einem bestimmten Zeitpunkt aus dem Licht der Öffentlichkeit nimmt und damit implizit das Ende der Geschichte definiert. Ein Beispiel wäre die Geschichte von der sogenannten ›Griechenland-Rettung‹ (die ja von vielen eher als eine Banken-Rettung angesehen wird): Man hat weder von Seiten der Politik noch von den großen Medien in den letzten Jahren viel darüber gehört, wie und ob die Geschichte weitergegangen ist. Nur wenn man sich in Geschichten aus Griechenland vertieft, könnte man auf den Gedanken kommen, dass die Austeritätspolitik von Schäuble und der EU keineswegs die wirtschaftlichen Bedingungen in Griechenland verbessert haben.

Stellschraube 3: Das transformierende Ereignis neu definieren

Bei Anwendung dieser Stellschraube wird neu interpretiert, was der Auslöser für die erzählte Veränderung war (Sie erinnern sich: Jede Geschichte erzählt von einer Transformation.). Um wieder beim Beispiel der Wende zu bleiben: Man kann als Auslöser der Wende die Bürgerproteste in der ehemaligen DDR in den Mittelpunkt stellen oder den wirtschaftlichen Bankrott dieses Staates fokussieren und die Bürgerproteste nur in einem Nebensatz erwähnen. Und man kann auch beide Ereignisse erzählen. Aber auch hier kann es Sinn machen, die eine oder die andere Wahl zu treffen – je nachdem, ob die Geschichte im Kontext einer Abhandlung über Bürgerproteste oder in dem einer Wirtschaftsgeschichte des 20. Jahrhunderts steht. Erwähnt man die jeweils andere Variante überhaupt nicht, muss man sich wohl den Vorwurf der Einseitigkeit gefallen lassen. Eine ›Lügengeschichte‹ im engeren Sinn wird es jedoch erst, wenn man eine durch keinerlei historische Forschung abgesicherte Ursache hinzuerfindet (»Eine islamische Weltverschwörung hat die DDR zu Fall gebracht, um sie danach islamisieren zu können.«).

Stellschraube 4: Den Protagonisten der Geschichte auswählen

Wähle ich als Protagonistin einer Geschichte über die Klimaproteste 2018/2019 Greta Thunberg oder erzähle ich die Geschichte aus der Perspektive einer unbekannten Demonstrantin und Greta Thunberg kommt evtl. als Helferin oder Mentorin in der Geschichte vor? Die Wahl des Protagonisten oder der Protagonistin bestimmt auch das Genre einer Geschichte mit: Ist es zum Beispiel eine Helden- oder Heldinnen-Geschichte, in der die wichtigsten Ereignisse einer bestimmten Person zugeschrieben werden? Oder ist es eine Geschichte mit einer Gruppe als ›Hauptfigur‹? Oder wird die Geschichte in mehreren Strängen mit unterschiedlichen Protagonisten erzählt? Die erste Form wäre vielleicht eine Heldinnengeschichte, in deren Mittelpunkt Greta Thunberg steht. Die zweite die einer nicht weiter individualisierten Bewegung (»Es begann, als in Schweden, bald auch in Deutschland, Schüler sich am Freitagvormittag zu Demonstrationen trafen.«). Und die dritte Form würde einer Zopf-Dramaturgie folgen, bei der die untereinander verflochtenen Geschichten mehrerer ProtagonistInnen parallel erzählt werden – dies ist eine Technik, die häufig in Reportagen angewendet wird.

Stellschraube 5: Das Ziel bzw. das Wunschobjekt des Protagonisten bestimmen

Die Strategie einer Veränderung des Wunschobjekts wird häufig dann angewendet, wenn die Motive eines Protagonisten oder einer Protagonistin entweder in diffamierender Weise negativ oder in euphemistischer Weise positiv dargestellt werden sollen. Ein Beispiel für den ersten Fall wäre etwa die Vermutung, dass es Helmut Kohl bei der Beförderung der Wende nicht so sehr um die Herstellung ›blühender Landschaften‹ gegangen sei, sondern er sich ausschließlich selbst zum ›Helden der Wiedervereinigung‹ stilisieren wollte. Eine euphemistisch positive Bestimmung des Ziels hätte man, wenn man die Geschichte von der Präsidentschaft Trumps so erzählen würde, als ob es ihm tatsächlich um das Wohl Amerikas ginge.

Stellschrauben 6 und 7: Den Helfer oder den Gegenspieler besetzen

Nuancen einer Geschichte lassen sich auch verändern, indem zwar der Protagonist und sein Ziel unverändert bleiben, aber Nebenfiguren wie Helfer oder Gegenspieler ausgetauscht werden. So könnten etwa in verschwörungstheoretischer Absicht als Helfer eines Protagonisten verborgene Mächte (›die Bolschewiken‹, ›das Kapital‹, ›das internationale Judentum‹) eingeführt werden oder in ähnlicher Weise bestimmte Personen oder Gruppen zu Gegenspielern gemacht werden (z.B. indem Flüchtlingen die Schuld daran gegeben wird, dass Deutsche keine Arbeit finden). In einer die Fakten verfälschenden Absicht können durch den Austausch dieser beiden Aktanten Mittäter und Opponenten in eine Geschichte eingeführt werden, die sich auf der Faktenebene nicht ausmachen lassen. Das rechtspopulistische Narrativ, Einwanderung oder gar ›Islamisierung‹ seien schuld an der prekären ökonomischen Situation der Bürger bestimmter ostdeutscher Landstriche, lässt sich beispielsweise nicht durch Fakten belegen. Einerseits leben in diesen Landstrichen häufig nur wenige Flüchtlinge und Moslems und zum anderen sind allen Indizien zufolge eher systemische Hintergründe für den Niedergang der ostdeutschen Wirtschaft nach der Wende verantwortlich. Umgekehrt kann man jedoch auch bisher marginalisierte Helfer in eine Geschichte einbringen, die bisher eine ausschließlich auf die Hauptfigur konzentrierte Heldengeschichte war. Man findet dies häufig in Künstler- und Wissenschaftlerbiografien, dass auch die Verdienste der Helfer oder der Partner ins Licht gerückt werden.

Stellschrauben 8 und 9: Nutznießer und Auftraggeber variieren

In ähnlicher Weise können der Austausch der Aktanten ›Nutznießer‹ und ›Auftraggeber‹ den Geschichten neue Richtungen geben:

Wer steckt hinter den Taten eines Protagonisten und wer hat etwas davon? Der erste Fall betrifft meist klassische Verschwörungsgeschichten, der zweite bestimmte Narrative über die ›Griechenland-Rettung‹ nach der Finanzkrise 2008: In der einen Geschichte wäre Griechenland der Nutznießer, in der anderen die Banken.

Stellschraube 10: Die Erzählperspektive wählen

Auf die Gefahr hin, bei Lesern und Leserinnen unliebsame Erinnerungen an den schulischen Deutschunterricht zu wecken: Es macht augenscheinlich einen Unterschied, ob eine Geschichte in Ich-Form oder in Er / Sie-Form erzählt wird. In der Ich-Form (viele Romane verwenden diese Perspektive) können alle Ereignisse nur aus der Perspektive des Protagonisten erzählt werden. Der Vorteil: Die RezipientInnen können sich gut mit der Protagonistin bzw. dem Ich-Erzähler identifizieren. Der Nachteil: Es kommt in der Geschichte nur eine Perspektive vor, nämlich die des Ich-Erzählers.

In der Er / Sie-Erzählung (Literaturwissenschaftler nennen sie auch ›auktoriale‹ Erzählung) können die Perspektiven wechseln: Der (manchmal sogar allwissende) Erzähler folgt mal dieser, mal jener Person. Der Vorteil: Es wird aus den Perspektiven verschiedener Personen und Gruppen ein sehr viel facettenreicheres Bild eines Wirklichkeitsausschnitts gezeichnet. Und die Geschichte wirkt mehr aus der Distanz erzählt und damit objektiver. Nicht umsonst hat Cäsar seinen Bericht über die Eroberung Galliens aus der Er-Perspektive erzählt und so seine persönlichen Interessen gewissermaßen ›objektiviert‹. Der Nachteil ist dafür, dass der Rezipient, die Rezipientin nicht so nah am Erleben der Hauptfigur sind. Beide Formen haben natürlich ihre Berechtigung. So existieren beim historischen Erzählen die subjektiven Geschichten von Zeitzeugen und die objektivierenden der historischen Forschung nebeneinander.

Stellschraube 11: Den Erzähler einer Geschichte auswählen

Eine letzte, aber entscheidende Stellschraube besteht in der Wahl des Erzählers. Denn es besteht offenbar ein großer Unterschied darin, ob eine Geschichte von einem Betroffenen erzählt wird oder von einem Außenstehenden, von einem Mächtigen oder einem Untertan, von einem Gewinner oder einem Verlierer, von einem Vertreter der einen oder der anderen Seite. Um beim Beispiel der Wende zu bleiben: Erzählt die Geschichte der Wende ein Bürger der Ex-DDR oder ein britischer Historiker? Erzählt sie ein Mitglied der Regierung oder ein einfacher Bürger? Ein Unternehmer, der ›im Osten‹ ein Vermögen gemacht hat, oder jemand, der schon kurz nach dem Mauerfall arbeitslos wurde und blieb? Ein überzeugter Anhänger der kapitalistischen Marktwirtschaft oder ein solcher des Kommunismus? Natürlich werden das jeweils andere Geschichte sein und die Auswahl des Erzählers wird auch Auswirkungen auf die Einstellung weiterer Stellschrauben haben: Es werden andere Hauptfiguren mit anderen Zielen, andere Helferinnen und Gegenspieler auftreten und die Geschichten werden je nach Erzähler mit unterschiedlichen Ereignissen anfangen und enden.

Die Frage nach dem Status einer Geschichte bezüglich Objektivität und Subjektivität lässt sich auch an der Wahl des Erzählers erkennen: Je stärker jemand von einer Ereigniskette betroffen ist, desto subjektiver wird er zunächst einmal erzählen und eine Außenstehende wird dagegen eher objektiver über ein Geschehen erzählen können. So zumindest ist – in Anlehnung an die alte Journalistenregel, nach der man bei Befragungen von außen (nicht Betroffene) nach innen (Betroffene) vorgehen soll – der allgemeine Konsens.

Die Frage ist, ob das beim Erzählen politischer und gesellschaftlicher Ereignisse tatsächlich so ist. Ob es bei der individuellen Sinnkonstruktion, die das Erzählen ja ist, tatsächlich so etwas wie eine außenstehende Objektivität geben kann – einmal abgesehen von historischer Forschung, die im besten Fall aus unterschiedlichen (subjektiven) Geschichten ein kollaboratives und so objektivierteres Mosaik zusammensetzt. Aber grundsätzlich ist eine Geschichte eines außenstehenden Erzählers immer auch eine aus einer Vogelperspektive, der eventuell gerade die entscheidenden Elemente der Geschichte(n) von Betroffenen fehlen. Die Beraterin einer Arbeitsagentur ist sicherlich eine weniger Betroffene als ein Hartz-IV-Empfänger, der tagtäglich mit dieser Existenzform zurechtkommen muss. Aber ist die Geschichte der Beraterin damit ›objektiver‹ oder sogar ›wahrer‹? Sie überblickt natürlich viele Fälle und kann in ihrer Erzählung Querverbindungen ziehen und Allgemeines herausarbeiten. Aber kann sie dem gerecht werden, wie es sich wirklich anfühlt, von 432 Euro im Monat leben zu müssen? Wird sie erzählen können, wie sich die offenbar nicht immer sinnvollen Fortbildungsangebote auf jemanden, der ohnehin um seine gesellschaftliche Identität kämpft, auswirken? Auf der anderen Seite ist die subjektive Geschichte eines Hartz-IV-Empfängers auch wieder nur eine Einzelfall-Geschichte und als Zuhörer wissen wir nicht, ob sie ein Sonder- oder der Regelfall ist.

Dies bedeutet wohl: Um uns ein Bild zu machen, brauchen wir möglichst viele Geschichten von möglichst unterschiedlichen Erzählern. Und es wäre wohl der Idealfall einer partizipativen demokratischen Gesellschaft, wenn eine Möglichkeit gefunden würde, möglichst viele dieser unterschiedlichen Geschichten erzähl- und hörbar zu machen.

Wer erzählt wie wovon?

Im politischen und gesellschaftlichen Alltag besteht die Tendenz, dass die Geschichten bestimmter Gruppen oder Einzelpersonen entweder gar nicht gehört werden, ihnen also kein Raum zum Erzählen gegeben wird, oder ihre Geschichten von einem Außenstehenden erzählt werden. Das kann ein wohlmeinender ›Anwalt einer sprachlosen Gruppe‹ sein oder jemand, der in diffamierender Absicht über diese Gruppe erzählt. Im Fall der Asylbewerber und Geflüchteten gibt es beide Typen von Erzählern. Die Geflüchteten selbst tauchen relativ selten als Erzähler in den Medien auf. Und häufig wird die Geschichte einer Gruppe von den Siegern einer Auseinandersetzung und damit denen, die die Macht haben, erzählt. Das Paradebeispiel dafür ist die Geschichtenhoheit über den Kolonialismus: Die Geschichte und die Geschichten Afrikas – zumindest die, die in Europa ankamen – haben in erster Linie die aktiven oder ehemaligen Kolonialherren erzählt. Dagegen kämpft unter anderem auch Chimamanda Adichie in ihrem schon erwähnten TED-Talk *The danger of a single story*. Wer der Herr oder die Herrin über die Geschichten einer Gruppe, eines Landes oder eines Kontinents ist, bestimmt auch die Klischees, die darüber verbreitet werden. Natürlich haben afrikanische Kulturen immer Erzähltraditionen und Literaturen gehabt, in denen sie ihre Geschichten selbst erzählten. Doch welche davon wurden von der Weltöffentlichkeit wahrgenommen? Zum Glück beginnt sich diesbezüglich einiges zu ändern. Auf subtile Weise ist jedoch der Westen – Europa und Nordamerika – immer noch der dominante Geschichtenerzähler, etwa über Afrika. Man muss nur einmal bei einer NGO-Konferenz in einem afrikanischen Land dabei gewesen sein, um zu verstehen, wie das funktioniert. Die angereisten Vertreter europäischer und amerikanischer NGOs erklären dort den afrikanischen Sozial-Unternehmern, ›wie es geht‹ – indem sie die Strukturen und Regeln ihrer Programme kommunizieren. Ich will hier niemandem bösen Willen vorwerfen, alle diese Programme wurden und werden nach bestem Wissen und Gewissen aufgesetzt und von viel gutem Willen begleitet. Fakt ist dennoch, dass sie definieren, wie Gründungs- und

Unternehmensgeschichten ablaufen sollten. Das ist ähnlich wie bei der schon erwähnten, von Krastev und Holmes (KRASTEV/HOLMES 2019) analysierten Haltung des (siegreichen) Westens gegenüber den Neu-Demokratien: Die NGOs als Berater ›wissen‹, wie die Geschichten zu laufen haben.

Die Frage, wer wie wovon erzählt, fasst den Effekt aller Stellschrauben nochmals zusammen. Es ist die Grundfrage eines jeden Storytelling, das irgendeine gesellschaftliche Relevanz hat – und fast jedes Storytelling hat eine gesellschaftliche Relevanz, auch wenn es nur eine abgeschmackte Liebes-Soap im Vorabendprogramm des Fernsehens ist. Denn Geschichten sind »modellbildende semiotische Systeme«, wie der russische Literaturwissenschaftler Jurj Lotman (LOTMAN ^{2}2015) formuliert – was letztlich nichts anderes bedeutet, als dass Geschichten Modelle der Welt aus Sprache bauen. Und wenn im Vorabendprogramm Frauen ziemlich oft als nur nach der Liebe fürs Leben schmachtend dargestellt werden, während Männer die großen Business-Räder drehen, ist das ein bestimmtes Modell von der Welt, das vermittelt wird.

Wer erzählt wie über wen? Zwei der beschriebenen Stellschrauben sind für diese Frage besonders relevant: Wer ist der Protagonist, die Heldin, die Hauptfigur einer Geschichte (»Über wen«)? Und wer ist der Erzähler, die Erzählerin der Geschichte (»Wer«)? Hinter dem »Wie« verbergen sich – natürlich ebenfalls wichtig – die anderen Stellschrauben. Doch anhand des Paradigmas »Wer – von wem« lassen sich nochmal zusammenfassend einige der Grundmuster des politischen Storytelling zeigen. Die amerikanische Journalistin Rebecca Solnit hat diese Frage auch zum Titel ihres Buches gemacht: *Whose Story Is This?* – was sich ja sowohl auf die Protagonistin wie auf den Erzähler beziehen kann (SOLNIT 2019). Wessen Geschichte ist das? Wer ist der Protagonist oder eine Figur in ihr? Und wer erzählt sie?

Ich habe weiter oben schon erwähnt, welche Auswirkungen es haben kann, wenn eine Protagonistin der Geschichte durch eine andere ersetzt wird: Es wird eine komplett andere Geschichte. Weitet man den Blick von der einzelnen Geschichte auf ganze Erzählkorpora, dann wird deutlich, welche Typen von Menschen, welche Gruppen die bevorzugten ›Heldinnen‹ oder ›Helden‹ sind. Um am obigen Beispiel der Erzählungen über ehemalige koloniale Gebiete anzuschließen: Es ist nicht nur entscheidend, wer die Erzähler der Geschichten über Afrika sind, sondern auch wer die Protagonistenrollen statistisch am häufigsten einnehmen. In europäischen Geschichten über Afrika vom 19. bis mindestens Mitte des 20. Jahrhunderts war dies vor allem der männliche weiße Forschungsreisende, Entdecker und Eroberer – einheimische Bevölkerung kam als Staffage, Träger, feindlicher Krieger oder allgemein als Bestandteil des Lokalkolorits vor, aber selten in tragenden Rollen.

Eine zentrale Frage ist also: Wer kann eigentlich überhaupt ProtagonistIn sein? In der europäischen ›hohen Literatur‹ bis ins 17. Jahrhundert war dies klar: Nur Adlige und Fürsten konnten die Protagisten des einzigen ernstzunehmenden narrativen Genres sein, der Tragödie. Der ›Pöbel‹ durfte in Komödien eine Rolle spielen oder in Schelmenromanen und anderen Volksbüchern, in Stoffen, in denen es – im damaligen Denken – um ›nichts Wichtiges‹ ging. Im 18. Jahrhundert konnte dann mit der Erfindung des ›bürgerlichen Trauerspiels‹ auch das Bürgertum zur Heldenehre kommen und erst mit dem Realismus und Naturalismus in der zweiten Hälfte des 19. Jahrhunderts die Arbeiterklasse. Und wer die Historie der europäischen Geschlechterrollen kennt, wird sich nicht wundern, dass Frauen in all diesen ›ernstzunehmenden‹ Texten als Protagonistinnen eher selten vorkommen, und wenn dann oft als Scheusale (Lady Macbeth, Medea, vielleicht auch Antigone) oder als Opfer (Iphigenie, Luise Millerin). Oder natürlich als Liebende, deren Rolle sich eben darin erschöpft, während der Mann agiert.

An diesen Beispielen zeigt sich, dass es nicht nur darauf ankommt, von wem eine Geschichte handelt, sondern auch mit welchen Eigenschaften sowohl ProtagonistInnen als auch Nebenfiguren ausgestattet sind. Das bezieht sich einerseits auf Klischees: Sind Spanier immer feurig, Italiener chaotisch und Deutsche pedantisch? Und wie werden diese Klischees oder Eigenschaften bewertet? Ich weiß noch, wie ich als Jugendlicher erstaunt war, als Freunde meiner Eltern von einer Reise nach Sri Lanka zurückkamen und Fotos von einem Fest zeigten, das mit Tausenden bunten Glühbirnen beleuchtet war. Dazu sagten die Reisenden lächelnd: »Die sind halt große Kinder!« Meine Verwunderung bezog sich darauf, dass es wohl reichte, ein anderes ästhetisches Modell zu haben, um den Erwachsenen-Status abgesprochen zu bekommen. Wohlgemerkt: Die Freunde meiner Eltern hatten nichts gegen diese Menschen, sie fanden sie sogar sehr sympathisch, aber eben als große Kinder. Man könnte diesen Storytelling-Trick den ›freundlichen Übergriff‹ nennen, der es ermöglicht, eine bestimmte Gruppe als zwar nett, aber ansonsten irrelevant darzustellen und sie damit auszugrenzen. Musterbeispiele sind etwa Romane oder Filme, die vor oder kurz nach dem amerikanischen Bürgerkrieg spielen, à la *Vom Winde verweht*: Die dort – natürlich nur in Nebenrollen – vorkommenden schwarzen Sklaven oder Ex-Sklaven sprechen einen drolligen Dialekt, zeichnen sich aber ansonsten dadurch aus, dass sie unterwürfig zu ihrem ›Massa‹ oder ihrer ›Missus‹ stehen. Die Figuren werden durchaus liebenswert gestaltet, aber eben als Staffage, als irrelevante Personifikationen von Klischees.

Bei gesellschaftlichen und politischen Narrativen kann man immer die Frage stellen, aus welchen Gruppen sich die Protagonisten der Geschichten, die erzählt werden, rekrutieren, und welche Gruppen – obwohl vielleicht erwartbar – nie oder selten Protagonistinnen sind. Die Protagonisten der meisten Geschichten der Katholischen Kirche sind zwangsläufig Männer – das ist eben der Organisationsstruktur dieser Gruppierung geschuldet. Immer, wenn es etwas Wichtiges aus der Kirche zu erzählen gibt, spricht ein Mann als Entscheider oder Verkünder: der Papst, ein

Bischof, ein Priester. Frauen kommen meist als Nebenfiguren oder als Protagonistinnen weniger, nicht so wichtiger Geschichten vor. Ähnlich, allerdings nicht mehr ganz so schlimm wie in der katholischen Kirche, ist es bei Geschichten aus der Wirtschaft auf Vorstands-Level: Auch hier überwiegen noch immer die männlichen Protagonisten.

Die Frage, wer oder welche Gruppe in der ›Story World‹ einer Organisation, einer Partei, einer politischen Bewegung oder eines gesellschaftlichen Milieus dominant als ProtagonistIn auftritt, ist auch die Frage danach, wessen Geschichten wichtig genommen werden und wessen Geschichten nicht.

Machen die beschriebenen Stellschrauben deutlich, wie Geschichten in ihrer Tendenz verändert werden können, fokussieren folgende Fragen die Perspektive der Macht in Geschichten:

- Wer darf seine Geschichte erzählen und wer nicht? Subtiler formuliert: Wessen Geschichten werden in einer Gruppe oder Gesellschaft gehört und wessen Geschichten nicht?
- Welche Personengruppen tauchen häufig als Protagonisten auf und welche nicht?
- Welche Eigenschaften und Merkmale werden den Protagonisten signifikant häufig zugeschrieben? Und welche den Nebenfiguren?
- Aus welcher Perspektive wird die Geschichte dieser Personen erzählt? Aus einer Außen- oder einer Innenperspektive?
- Wird von einer Gruppe immer die gleiche Geschichte, das gleiche Narrativ, nur mit verschiedenen Figuren erzählt (›single story‹), oder werden ganz unterschiedliche Geschichten erzählt (›multiple stories‹)?

Letztlich ist dies die Frage, wer die Macht über die Geschichten hat. Kursieren im politischen Feld in einer Gesellschaft hauptsächlich Geschichten ›von oben‹ – also *autoritative Geschichten*. Oder verfügt eine Gesellschaft über eine reichhaltige *kollaborative Geschichtenwelt*, in der die Geschichten ganz unterschiedlicher

Gruppen erzählt und gehört werden können? Eine Demokratie müsste über eine möglichst vielfältige kollaborative Geschichtenwelt verfügen. Wenn relevante Gruppen das Gefühl haben, nicht gehört zu werden, ist das mindestens bedenklich.

An politische Parteien und Bewegungen gerichtet kann ich nur beständig mein Mantra wiederholen: Bevor Sie mit dem Storytelling beginnen, sollten Sie Storylistening betreiben – also die Erfahrungs-Geschichten derjenigen kennenlernen, an die Sie sich wenden wollen. Und am besten dann die Geschichten, die Sie erzählen wollen, kollaborativ mit den Betroffenen zusammen entwickeln. So würde vielleicht ein ganz neues Politikverständnis entstehen, in der sich eine Partei oder eine Bewegung nicht als ›die, die wissen wie es geht‹ präsentiert, sondern als Angebot, gemeinsam zu entwickeln, ›wie es gehen könnte‹.

KAPITEL 3
WURZELWERKE: DER NARRATIVE HUMUS DES POLITISCHEN STORYTELLING

Geschichten sind immer untereinander vernetzt – sie erzählen sich weiter, bilden Gegengeschichten, Seitengeschichten, weiterführende Geschichten. Aber auch mit gesellschaftlichen Diskursen und nicht narrativen Kommunikationen sind die Geschichten, die in einer Gesellschaft, einer Kultur erzählt werden, in Verbindung, greifen Themen auf oder bereiten neue Themen vor, die erst im Entstehen sind und den Menschen noch gar nicht bewusst sind. Geschichten sind also selten isoliert, sondern bilden innerhalb einer Kultur, einer Gruppe, einer Gesellschaft eine ›Geschichten-Welt‹ mit vielerlei Querbezügen. Auch herausragende Werke der sogenannten ›Hochliteratur‹ wachsen auf einem kulturellen Humus, den andere Literatur und Kunst, Wissenschaft, Alltagsgeschichten und Denkmodelle vorbereitet haben, und sie bilden selbst wieder Teile des Humus für neue Geschichten. Wer die Literaturgeschichte studiert, weiß: Die Geschichten einer Kultur, einer Gesellschaft, einer Zeit bilden ein Geflecht, in dem es Millionen von Quer- und Zwischenverbindungen gibt, die, ähnlich wie die Bäume in den Wäldern, denen in populären Büchern ein ›geheimes Leben‹ nachgesagt wird, in vielfältigen Beziehungen zueinander stehen. Übrigens auch über die Zeit hinweg: Mythologische Stoffe aus der Antike werden von modernen Autoren bearbeitet, längst überwunden geglaubte Narrative wie das des Antisemitismus kriechen wieder aus dem Giftschrank der gefährlichen Geschichten hervor und historische Narrative, wie etwa das der ›unsichtbaren Hand des Marktes‹ aus dem 18. Jahrhundert prägen das Denken auch unserer Zeit. Wir leben eben in einer ›Narratosphäre‹, einem Raum aus Geschichten, Erzählungen und Narrativen, der einen wichtigen Teil unseres Weltverständnisses und Weltverstehens ausmacht.

Die Narratosphäre ist kein rein künstlerischer Raum, in dem die Erzeugnisse von Literatur, Film, Theater etc. sich gegenseitig befruchten, sondern ein Raum, in dem ganz wesentlich das, was man, je nach philosophischer Vorliebe, die ›Weltanschauung‹, das ›Weltbild‹, die ›Mentalität‹, die ›Glaubenssätze‹, die ›kulturellen Prämissen‹ etc. einer Gesellschaft oder eines Gesellschaften-Systems (etwa des ›Westens‹) nennen könnte. Von der Narratosphäre aus und in sie zurück reichen Wurzeln, Äste, Zweige in andere Bereiche wie Wissenschaft, Politik, Recht und so weiter hinein und tragen dazu bei, neue Prämissen, Ideologeme, ›Weltanschauungen‹ und Glaubenssätze herauszubilden. Für den Fall der Literatur nur ein paar Beispiele: Ein Konzept wie das des ›Unbewussten‹ tauchte einige Jahrzehnte, bevor es Freud theoretisch beschreiben konnte, in Erzählungen des deutschen Realismus auf (z.B. in Otto Ludwigs 1856 erschienener Novelle *Zwischen Himmel und Erde*; LUDWIG 1977). In Erzählungen und Dramen des Expressionismus in den ersten beiden Jahrzehnten des 20. Jahrhunderts kommen zahlreiche charismatische Führerfiguren vor, bevor sich das deutsche Volk dann die Sehnsucht nach einem Führer auch in der politischen Realität erfüllte. Und in Romanen der Goethezeit kommen überdurchschnittlich oft ›Geheimgesellschaften‹ oder andere mysteriöse Strippenzieher vor, die das Leben des Helden aus dem Verborgenen zu lenken versuchen – von der ›Turmgesellschaft‹ in Goethes *Wilhelm Meister* (1795 / 1796) bis hin zu den Verschwörungen in E.T.A. Hoffmanns *Die Elixiere des Teufels* (1815 / 1816). Man kann sich überlegen, ob das die Anzeichen einer paranoiden Epoche sind, in der auch, wie von Michel Foucault dargestellt, Überwachungs- und Beobachtungsszenarien wie Benthams »Panoptikum« entstanden sind (FOUCAULT 1994: 319ff.): Ein Gefängnis, in dessen Mitte ein Turm stand, von dem aus die Wächter immer in jede einzelne Zelle sehen konnten.

In der Kunst bilden sich so (Denk-)Muster ab, die gleichzeitig oder später auch in Wissenschaft, Politik, gesellschaftlichem Handeln etc. wirksam werden. Und umgekehrt werden Muster und Themen aus anderen Bereichen natürlich auch von den professionellen Storytellern in Literatur und Film aufgenommen. Das Genre der ›Science Fiction‹ entstand beispielsweise im Zuge einer Technik-Euphorie in der zweiten Hälfte des 19. Jahrhunderts.

Die Narratosphäre bildet also ein vernetztes Wurzelwerk von Geschichten und Narrativen, die auch von anderen Sphären, wie etwa der Wissenschaft oder gesellschaftlichen und politischen Diskursen beeinflusst werden. Zu glauben, man müsse, um Menschen zu überzeugen – sei dies in der Politik oder im Marketing – nur eine mitreißende und emotionale Geschichte erzählen, greift daher viel zu kurz. Jeder Versuch, »Narration nur als Gleitmittel für trockene Zahlen« zu nutzen, wie es der Schweizer Autor Jonas Lüscher formuliert (LÜSCHER 2020: 66) wird, wenn überhaupt, nur sehr kurzfristige Erfolge zeitigen. Politisches Storytelling *wächst immer* im Humus der Narratosphäre einer Gesellschaft, ob einem das bewusst ist oder nicht, ob man das in sein Kalkül mit einbezieht oder nicht.

Wer sich mit politischem Storytelling beschäftigt, ob in aktiver Weise (um Menschen von einem politischen Programm zu überzeugen) oder passiv in der Analyse politischer Meinungsbildung, muss sich – will er oder sie erfolgreich sein – daher mit dem narrativen Wurzel- und Flechtwerk der Narratosphäre auseinandersetzen. Dazu gehören auch die an der Oberfläche zunächst schwer oder gar nicht sichtbaren Narrative – und die, die uns so selbstverständlich vorkommen, dass sie im toten Winkel unserer Wahrnehmung liegen. Erfolgreich kann politisches Storytelling nur sein, wenn es einen Bezug, eine Resonanz zu diesen Narrativen und Geschichten herstellen kann. Ist das nicht der Fall, rätselt man hilflos, warum die eigene tolle Geschichte niemanden zu interessieren scheint. Es ist daher von zentraler Bedeutung, vor das Storytelling ein ›Storylistening‹ zu schalten und ein offenes Ohr für die Narrative und Geschichten, die in der Narratosphäre herumschwirren, zu entwickeln.

Um die Wichtigkeit der Hinter- und Untergrundgeschichten zu verdeutlichen möchte ich ein Beispiel aus der Organisationsentwicklung anführen. Auch Organisationen wie zum Beispiel Unternehmen haben ihre eigene Narratosphäre, in der ›offizielle‹ und bekannte Geschichten und Narrative mit inoffiziellen und häufig unter dem Radar des Bekannten segelnde koexistieren. Diese inoffiziellen und häufig verborgenen Geschichten zu kennen, kann oft den entscheidenden Unterschied für das Gelingen einer Strategie oder eines Veränderungsprojekts ausmachen. Hier nur ein besonders griffiges Beispiel aus meiner mehr als zwanzigjährigen Erfahrung in der narrativen Organisationsentwicklung: Ein Unternehmen, das im Anlagenbau tätig war, entwickelte ein neues Produktkonzept. Waren bisher alle Anlagen Individualanfertigungen für die (industriellen bzw. öffentlichen) Kunden gewesen, sollten immer mehr serielle Produkte konstruiert werden: »80 Prozent Gleichteile«, lautete die Losung. Das Management war überzeugt, dass dieses Ziel schon erreicht war und erzählte demzufolge immer wieder die Geschichte von der Serienproduktion. Als meine Kollegen und ich dann die Erzählungen der Mitarbeiter in den Werkshallen und Büros mittels narrativer Interviews sammelten, kamen ganz andere Geschichten zum Vorschein: Sie erzählten, dass die Kunden immer noch massiv in die Konstruktion hineinredeten und die angeblichen ›Gleichteile‹ immer wieder verändert und gewissermaßen ›zurechtgebogen‹ werden mussten. Das Fazit war: Von einer Serienproduktion konnte man ganz und gar nicht sprechen!

Die Narrative des Managements und der Mitarbeiter widersprachen sich also in wesentlichen Punkten. Das Management, mit diesem Befund konfrontiert, weigerte sich, in den Geschichten der Mitarbeiter ein Abbild der Realität zu sehen. Vielmehr hielt es an dem eigenen Narrativ von der bereits stattfindenden Serienfertigung fest und forderte, die Mitarbeiter müssten ihr ›Mindset‹ ändern. Dies bedeutete, dass die Mitarbeiter fortan in einem Zustand der kognitiven Dissonanz arbeiteten. Sie mussten nach oben etwas anderes behaupten, als sie tagtäglich in der Werkshalle wahrnahmen. Bald schon hatten die Produkte Fehler, Kunden beschwerten sich und schließlich musste – nach einem Managementwechsel – die Serienproduktlinie aufgegeben werden. Ein sehr sinnvolles Produktkonzept starb, weil das Management sich weigerte, auch noch andere als die eigenen Geschichten in der Narratosphäre der Organisation wahrzunehmen. Vom finanziellen Schaden muss man erst gar nicht sprechen (mehr zu der Bedeutung von Narrativen in Organisationen vgl. ERLACH/MÜLLER 2020).

In ähnlicher Weise kann politisches Storytelling und die Konstruktion politischer Narrative nur erfolgreich sein, wenn auch verborgene Narrative im Wurzelwerk der gesellschaftlichen Narratosphäre gehört werden.

Die großen Erzählungen: Gesellschaftliche Meta-Narrative

Seit der französische Philosoph Francois Lyotard das »Ende der großen Erzählungen« ausgerufen hat (LYOTARD [7]2012), hat sich die

Einsicht verfestigt, dass offenbar grundlegende Narrative existieren, in denen die Grundhaltungen und Glaubenssätze einer Gesellschaft kodiert und vermittelt werden. Man nennt diese ›großen‹ und kleineren Erzählungen auch ›Meta-Narrative‹, weil sie gewissermaßen über den einzelnen Geschichten, Erzählungen und Geschichten stehen und bestimmte Sinnsetzungen und Welterklärungen zusammenfassen (vgl. dazu MÜLLER/GRIMM 2016: 97ff.).

Ein Beispiel für ein auch politisch wirksames Meta-Narrativ findet sich in der amerikanischen Außenpolitik. Etwa ab dem Zweiten Weltkrieg war ein zentrales Sinn-Narrativ der Vereinigten Staaten von Amerika die Rolle des Landes als Garant für die globale Ordnung, als Weltpolizei: Der Kampf gegen die deutschen Nazis und Japan im Zweiten Weltkrieg, die Interventionen in Korea, Vietnam, Irak, Afghanistan etc. waren Folgen dieses Sinn- und Identitäts-Narrativs, an dem die amerikanische Außenpolitik über viele Jahrzehnte festhielt – auch wenn die Erfolge mit Ausnahme des Zweiten Weltkriegs eher spärlich waren. Dieses Narrativ hat natürlich mit dem Selbstverständnis der USA als Großmacht zu tun, ist aber auch tief in der amerikanischen Kultur verankert. Wenn man sich zahlreiche amerikanische Filme ansieht – der klassische Western kann idealtypisch dafür stehen – werden oft Geschichten von einem Ort erzählt, der durch Gangster oder andere Übeltäter heimgesucht wird und von einem Helden gerettet werden muss, der von außen kommt und nach getaner Aufräumarbeit wieder verschwindet. Dieses Narrativ steckt nicht nur in Western wie *Die glorreichen Sieben* (1960) von John Sturges oder *My Darling Clementine* (1946) von John Ford, sondern auch in Actionfilmen und Krimis wie etwa *Jahr des Drachens* (1985) von Michael Cimino oder *Die Hard* (1988) von John McTiernan. Es ist immer der einsame Kämpfer, der nicht Mitglied des sozialen Systems ist, sondern nach getaner Arbeit wieder geht. Man könnte die Behauptung aufstellen, dass diese

Vorstellung von sozialen Problemlösungen tief in der amerikanischen Kultur und ihrem Denken verankert ist.

Ein Meta-Narrativ ist eine narrative Struktur, die viele Geschichten oder andere Kommunikationsakte in einer Gesellschaft teilen. Um ein ganz banales Beispiel zu geben: In unserer Gesellschaft gehen wir davon aus, dass Menschen sich ein Leben lang weiterentwickeln können und meist auch wollen. Das entsprechende Meta-Narrativ wäre: A: »Ein Mensch hat bestimmte Eigenschaften / Fähigkeiten.« T: »Immer wieder macht er Anstrengungen, diese Fähigkeiten zu erweitern.« E: »An jedem beliebigen Punkt seines Lebens hat er mehr Eigenschaften / Fähigkeiten als zuvor.« Wir glauben zutiefst an dieses Metanarrativ und die Fähigkeit, ja fast schon Pflicht zur Weiterentwicklung. Es gibt dagegen Kulturen, die ein anderes Narrativ besitzen, für die etwa die Entwicklung des Menschen bei Eintritt ins Erwachsenenleben weitgehend zu Ende ist: Dann hat man alles gelernt, was es zu lernen gibt und kann von da an mehr oder weniger in Ruhe vor sich hinleben. Solche Meta-Narrative existieren, wie man sich vorstellen kann, eher in vormodernen Gesellschaften. Der Spruch »Was Hänschen nicht lernt, lernt Hans nimmermehr.« ist ein Überbleibsel davon.

Die Grundstruktur, die dieses Meta-Narrativ kennzeichnet, findet sich in zahllosen Geschichten wieder, die in einer Gesellschaft erzählt werden. Man muss nur beliebige Zeitschriften unterschiedlicher Genres – von der Frauenzeitschrift bis zum Business-Magazin – aufschlagen: In jeder Nummer wird sich mindestens eine Geschichte finden, die das Entwicklungs-Narrativ stützt. Nahezu die gesamte Ratgeberliteratur hat dieses Narrativ als Prämisse: Wenn es den Imperativ der ständigen Veränderung und Weiterentwicklung nicht gäbe, müsste man sich ja keine Anleitungen dazu besorgen. Auch in den meisten Publikumszeitschriften gibt es eine Ratgeberrubrik, die nicht die Erweiterung der eigenen Kochkünste oder der Wohnungseinrichtung, sondern der persönlichen Fähigkeiten im Privaten und natürlich vor allem im Beruflichen zum Thema haben: Von ›Wie ich meine Kreativität entwickle‹ bis hin zu ›Führungsskills‹ reichen die Themen. Zudem veröffentlichen diese Medien auch Reportagen, in denen Geschichten erzählt werden, die das Entwicklungs-Narrativ bestätigen: Reportagen über Menschen, die Karriere gemacht, sich weiterentwickelt haben – oder das Gegenteil davon, was demselben Narrativ entspricht, nur mit umgekehrten Vorzeichen: Ganze Abende werden unter dem Stichwort ›Fuck-up Night‹ veranstaltet, an denen zum Beispiel Start-up-Gründer Projekte, die nicht zum Erfolg geführt haben erzählen. Diese Erzählungen haben allerdings nicht den Zweck, das Scheitern an sich zu feiern, sondern es als Schritt auf dem Weg zu einem Erfolg und damit zu einer positiven Entwicklung zu begreifen: Der gescheiterte Gründer erzählt von seinem Scheitern als eine Lernerfahrung, durch die er sein schon gegründetes oder in Kürze zu gründendes neues Unternehmen zum Erfolg führen will. Scheitern ist also in dieser Logik ein wesentlicher Bestandteil eines Entwicklungsprozesses hin zum erfolgreichen Menschen.

Eine Nebenbemerkung an dieser Stelle: Ich denke, die derzeitige Wertschätzung, die dem Scheitern bzw. Problemen und Herausforderungen zuteil wird, hängt auch mit der Aufmerksamkeit, die das ›Storytelling‹ – vor allem in seinem von Hollywood und Marketinggeschichten geprägten Zuschnitt – in den letzten Jahren bekommen hat. Man hat gelernt, dass gute Geschichten einen Konflikt, eine Herausforderung, eine ›Challenge‹ brauchen, um wirklich interessant und spannend zu werden. Probleme haben damit ihre rein negative Konnotation verloren: Sie werden positiv bewertet, wenn sie als Schritt auf dem Weg zu einer – natürlich dann wieder notwendig positiven – Entwicklung gesehen werden können, die ein Happy End haben oder zumindest in Aussicht stellen können. Der Zwang zum Happy End, der wohl ebenfalls von der Popularisierung von narrativen Mainstream-

Formen herrührt, ist nahezu ubiquitär. Auch Lebensgeschichten sollen – zumindest in dieser Mainstream-Vorstellung – immer ein Happy End haben. Dazu vielleicht ein persönliches Erlebnis des Autors: Eine Gruppe von narrativen Praktikern (deren Mitglied der Autor ist), trennte sich von einem Mitglied, mit dem es wiederholt Konflikte in der Zusammenarbeit gegeben hatte. Aus dem weiteren Umkreis kam wiederholt Kritik an der Gruppe, die wohl Wasser predige und Wein trinke: Da zwei der Mitglieder auch Konfliktberatung anböten, warum sie dann unfähig seien, den eigenen Konflikt zu lösen. Hinter dieser Kritik steckt das Entwicklungs-Narrativ in seiner Happy-End-Variante: Als ob die Bewältigung von Konflikten immer zu einem ›Happy End‹ im Sinne einer Wiederherstellung des Friedens führen müsse.

Vielen Lesern werden vermutlich die Ausführungen zum Entwicklungs-Narrativ als banal erscheinen: Meist halten wir in unserer Kultur den Drang zu ständiger Weiterentwicklung für eine anthropologische Konstante (und auch psychologische Literatur scheint dies nicht selten so zu sehen). Und natürlich gibt es wohl tatsächlich einen im Menschen angelegten Drang zur Entwicklung, zumindest bis in die Adoleszenz hinein. Spezifisch an unserer Kultur ist jedoch das Narrativ, diese als unendliches Wachstum (ähnlich wie unser Wirtschafts-Narrativ) zu interpretieren. Danach gibt es die Möglichkeit (und wohl auch den zumindest sanften Zwang) – egal was man erreicht hat und unabhängig vom Alter – sich ständig weiterzuentwickeln. Auch die technisch unterstützten Selbstoptimierungs-Tools, die unter der Bezeichnung ›quantified self‹ gerade hoch im Kurs stehen, gehen in diese Richtung.

Ich gehe auf diese vielleicht eher als soziologische Grundlagenforschung anmutende Kulturrelativität von Meta-Narrativen ein, weil der Erfolg von politischem Storytelling ganz entscheidend davon abhängt, an welche dieser gesellschaftlichen Meta-Narrative die Geschichten der jeweiligen politischen Bewegung oder Partei anschlussfähig sind. Von Bedeutung sind einerseits die ›ganz großen Erzählungen‹, andererseits aber auch Narrative von kürzerer zeitlicher Reichweite, die gerade im Trend sind bzw. große gesellschaftliche Aufmerksamkeit genießen. Hier eine kleine Auflistung einiger gesellschaftlichen Meta-Narrative, die – nach Meinung des Autors – von Bedeutung für politisches Storytelling sind. Dies natürlich ohne jeden Anspruch auf Vollständigkeit.

Beispiele gesellschaftlicher Meta-Narrative

Das Leistungs-Narrativ

Das schon in Kapitel 2 erwähnte Leistungs-Narrativ ist eines der in der europäischen Kultur seit der Spätaufklärung und der frühen Industrialisierung tief verankerten Narrative, vermutlich weil es unserem ›vernünftigen‹ Sinn für Gerechtigkeit sehr entspricht. Dieses Narrativ hat in etwa diese Form:

A: X ist nicht wohlhabend / gesellschaftlich nicht anerkannt.
T: X bringt große Leistung.
E: X ist wohlhabend und gesellschaftlich gut situiert.

In einem Satz lautet das Narrativ: »Leistung führt zum Erfolg.« Und zwar mit dem Fokus *ausschließlich* Leistung führt zum Erfolg. Dieses Narrativ wird in europäischen Gesellschaften sehr breit geteilt und für zutreffend gehalten, auch wenn es vermutlich empirisch wenig belegt ist. Leistung ist wohl auch in den meisten europäischen Gesellschaften nur einer unter vielen Parametern für Erfolg und vermutlich gar nicht der wichtigste. Elternhaus, Netzwerke, Vermögen etc. sind wahrscheinlich viel wichtiger:

Bekanntlich besuchen signifikant mehr Kinder aus Akademiker-Haushalten weiterführende Schulen als die aus Arbeiter- oder Migrantenfamilien, was sich natürlich auch auf die weitere berufliche Erfolgsgeschichte auswirkt. Aber auch im Kleinen kennt wohl jeder Arbeitnehmer die Situationen im Unternehmen, in denen nicht der- oder diejenige, der oder die am meisten Arbeit in ein Projekt gesteckt hat, die Lorbeeren erntet, sondern der- oder diejenige, die sich oder die Arbeit am besten verkaufen kann. Oder der, der am besten mit dem Chef vernetzt ist.

Ich möchte hier nicht in eine umfassende Diskussion einsteigen, inwieweit das Leistungs-Narrativ in unserer Gesellschaft zutrifft oder nicht, wir also in einer ›Leistungsgesellschaft‹ oder ›Meritokratie‹ leben oder nicht, sondern nur einige der politischen Implikationen und Folgerungen dieses Narrativs aufzeigen.

Mit dem Leistungs-Narrativ wird Erfolg oder Nicht-Erfolg nahezu komplett individualisiert und privatisiert: Jeder ist seines Glückes Schmied, Erfolg ist machbar – und zwar durch Leistung. Wer keinen Erfolg hat, ist letztlich selbst schuld. Im politischen Handeln bedeutet dies, nicht erfolgreiche Menschen eher zu fordern als zu fördern: Denn ihnen mangelt es ja offensichtlich vor allem an Antrieb, Leistung zu erbringen.

Wer an das Leistungs-Narrativ glaubt oder glauben will, muss alle Parameter des Erfolgs außer der Leistung eher ausblenden oder geringschätzen. Quoten aller Art, wie etwa auch die Frauenquote, widersprechen diesem Narrativ in seiner Reinform, und nicht selten sind gerade erfolgreiche Frauen gegen die Quote, weil sie – nach der Logik des Leistungs-Narrativs – dies als eine Herabsetzung ihres Werts empfinden müssen.

Auf die Frage, was innerhalb des Leistungs-Narrativs unserer Gesellschaft unter ›Leistung‹ verstanden wird, ist die Antwort in der Regel ein quantitativer, in Zeit messbarer Arbeitsaufwand. Dies zeigt sich daran, dass zu bezahlende Arbeitsleistung auch in Berufen – in denen dies nicht in ähnlicher Weise naheliegt wie etwa in der industriellen Fließbandarbeit – in Zeit gemessen wird wie etwa bei Managern oder wissenschaftlichen Mitarbeitern. Führungskräfte betonen immer wieder ihren 16-Stunden-Tag, als ob sich ihre Leistung im puren Zeitverbrauch messen ließe. Ein weiteres Beispiel: Seit der Bologna-Reform ist auch die Leistung von Studierenden in zeitlich codierten ›Workloads‹ festgeschrieben. Leistung ist also in unserer Gesellschaft vor allem als Verbrauch von Zeit definiert und damit quantitativ operationalisiert – wie wir ja dazu neigen, alles zu quantifizieren (vgl. dazu auch SELKE 2014; LÜSCHER 2020).

Das Leistungs-Narrativ wurde deshalb so ausführlich beschrieben, weil es meiner Meinung nach eines der im ›genetischen Code‹ unserer Gesellschaft am stärksten verankerten Narrative ist: Den meisten Menschen erscheint es als so selbstverständlich, dass sie es kaum des Hinterfragens für Wert halten. In politischen Diskursen zeigt es sich bei Auseinandersetzungen wie etwa 2019 bei der Diskussion um die Grundrente und der Frage nach einer Bedürftigkeitsprüfung oder der seit beinahe drei Jahrzehnten andauernden Diskussion um ein bedingungsloses Grundeinkommen für alle Bürger. Vielen Menschen scheint es zu widerstreben, Geld ohne Gegenleistung zu geben. Dies wird als ungerecht gegenüber denen empfunden, die viel leisten. Ich vermute, dieses Empfinden steht im Moment einer politischen Durchsetzung eines unbedingten Grundeinkommens entgegen. Will eine Bewegung oder eine Partei dies zu ihrer Agenda machen, benötigte sie ein Narrativ, das auf dieses tief verwurzelte Leistungs-Narrativ reagiert.

Das Wachstums-Narrativ

Ein weiteres fundamentales Narrativ unserer Kultur ist das Wachstums-Narrativ. Es besagt, dass eine quantitative Vermehrung von etwas der Normalzustand bzw. der erwartbare Zustand ist:

A: Es gibt eine bestimmte Menge eines Guts.
T: Man unternimmt etwas, um diese Menge zu vermehren.
E: Man hat mehr davon.

Das Wachstums-Narrativ stellt eines der Axiome des Marktkapitalismus dar und wird und wurde als solches häufig kritisiert. Anfangs vor allem aus ökologischer Sicht: *Grenzen des Wachstums* hieß der Titel des 1972 erschienenen ersten Berichts des Club of Rome (MEADOWS et al. 1972), den man als eine Initialzündung der ökologischen Bewegung ansehen kann. Hervorgehoben wird häufig das logische Problem, dass in einer Welt mit begrenzten Ressourcen kein unendliches Wachstum möglich sein kann. Insofern ist dieses Narrativ in unserer Gesellschaft sehr umstritten. Dennoch stellt es nach wie vor eine der Grundlagen nicht nur unseres Wirtschaftssystems, sondern auch unseres Denkens überhaupt dar (das Entwicklungs-Narrativ kann man ja auch als eine Variante des Wachstums-Narrativs sehen). Vielleicht liegt dies auch an mangelnden attraktiven Alternativen – Verzicht zu fordern kommt nicht wirklich gut an. In den meisten Fällen sind politische Geschichten, denen das Wachstums-Narrativ zugrunde liegt, immer noch eine sichere Bank: Menschen freuen sich, wenn ihnen *mehr* Wohlstand, *mehr* Bildung, *mehr* Sicherheit und *mehr* Zukunft versprochen wird.

Das Entwicklungs-Narrativ

Eine Variante des Wachstums-Narrativs auf individueller Ebene ist das bereits ausführlich beschriebene »Entwicklungs-Narrativ«. Nur zur Erinnerung: Das Entwicklungs-Narrativ besagt, dass Menschen sich ihr Leben lang weiterentwickeln wollen, sollen, müssen – und das vor allem in quantitativer Hinsicht. Wie gesagt wird bei diesem Narrativ häufig diskutiert, ob es sich um eine anthropologische Konstante oder ein kulturrelatives Phänomen handelt. Ich habe oben schon einige Argumente für Letzteres angeführt. Aber wie dem auch sei: Die meisten Menschen in unserer Kultur sehen es als selbstverständlich an. Gesellschaftliche Auswirkungen sind etwa die Forderung nach lebenslangem Lernen und der Drang zu immer höherer Bildung, was zu einem Ausbluten der Hauptschulen geführt hat.

Das Markt-Narrativ

Ebenfalls ein in zumindest den westlichen Gesellschaften grundlegendes Narrativ ist das des Marktes, nach dem ›der Markt‹ als eine fast schon metaphysische Größe dafür sorgt, dass es allen gut geht. Adam Smith gilt als einer der Begründer dieses Narrativs im 18. Jahrhundert, das man in meiner Terminologie so formulieren könnte:

A: Eine Gesellschaft hat ein bestimmtes Wohlstandsniveau.
T: Auf einem möglichst freien Markt werden Güter und Dienstleistungen gehandelt.
E: Der Wohlstand der Gesellschaft ist gesichert / nimmt zu.

Eine in den letzten Jahrzehnten dominante Variante des Markt-Narrativs war das neoliberale Ökonomie-Narrativ, das man kurz so zusammenfassen kann, dass der Staat sich möglichst – jenseits der Garantie seiner ordnungspolitischen Funktionen (Recht, Sicherheit, Finanzsicherheit etc.) – aus dem Markt bzw. der Wirtschaft heraushalten soll. Das bis in die 1980er-Jahre hinein potenziell dominante Gegennarrativ, das marxistisch-kommunistische der Planwirtschaft, hatte sich nach der Wende ja selbst desavouiert. Bewegungen und Narrative wie das von ›Blockupy Wallstreet‹ richten sich nur gegen Teilnarrative der neoliberalen Story. Ein weiteres Merkmal davon ist, dass das neoliberale Wirtschaftsnarrativ in vielen Diskursen als eng verknüpft mit anderen Narrativen dargestellt wird, zum Beispiel mit dem von der freiheitlich-demokratischen Grundordnung oder dem des Individualismus: Eine Abschwächung der Idee der ›freien‹, also weitgehend nicht regulierten Märkte und des Glaubens daran, die ›unsichtbare Hand‹ (Adam Smith) des Marktes werde alles richten, wird häufig als eine gleichzeitige Abschwächung der Demokratie und des Individualismus (nach dem jeder seine Lebensform nach individuellen Gutdünken bestimmen kann) dargestellt. Der Versuch, ein Gegennarrativ zu diesem dominanten Narrativ zu entwickeln ist damit immer in Gefahr, als ein Angriff auf sehr bedeutende Grund-Narrative unserer Gesellschaft daherzukommen. Als ein mögliches Alternativ-Narrativ hat der britische Autor George Monbiot in seinem Buch *Out of the Wreckage. A New Politics for an Age of Crisis* (MONBIOT 2017) ein im weitesten Sinne kommunitaristisches Narrativ vorgeschlagen. Zu den obigen Überlegungen kommt, dass das neoliberale Narrativ auch eng verknüpft ist mit dem Leistungs-Narrativ, obwohl ja neuere Studien (vgl. z.B. PIKETTY 2014) klar zeigen, dass eine neoliberale Wirtschaftsordnung eher zu sozialer Ungleichheit unabhängig von Leistung geführt hat. Als ich dies schreibe – im April 2020, während der Corona-Krise –, wird in allen Medien immer wieder das Postulat erhoben, nach Bewältigung dieser Krise könne es nicht so weitergehen wie bisher, es müsse sich auch an unserem Wirtschaften viel ändern. Ehrlich gesagt, bin ich gespannt, ob sich wirklich viel ändern wird. Den größten Bedarf sähe ich in einer Neubewertung dessen, was wir als ›Almende‹, also als Gemeineigentum sehen wollen. Ist es wirklich sinnvoll, das Gesundheitswesen weitgehend zu privatisieren und nach Regeln des Marktes und der Ökonomie zu führen? Und wie sieht es beim öffentlichen Verkehrswesen aus? Und wie beim Wohnen? Ich denke, im Sinne eines gemeinsamen Zukunfts-Narrativs (»In welcher Gesellschaft wollen wir eigentlich leben?«) sollte man sich über solche Fragen intensiv Gedanken machen.

Diese Beispiele für basale Meta-Narrative unserer Kultur sollen hier genügen. Mir geht es wie gesagt nicht um Vollständigkeit und auch nicht darum, hier unbedingt die wichtigsten Narrative aufgeführt zu haben. Es gibt bestimmt weitere ebenso für das politische und individuelle Handeln unserer Kultur bedeutende, wie z.B. das äußerst fragwürdige Narrativ der kulturellen Überlegenheit des Westens, das Maskulinitäts-Narrativ, Xenophobie-Narrative unterschiedlicher Couleur, das Rationalitäts-Narrativ. Mir geht es vor allem darum, an Beispielen zu zeigen, wie stark unser Denken und unsere Diskurse durch Meta-Narrative bestimmt werden, und damit für den Humus zu sensibilisieren, auf dem politisches Storytelling gedeiht oder ins Kraut schießt. Bevor wir zu diesem Humus und der Resonanz, in denen Geschichten, Erzählungen und Narrative im politischen Bereich zu ihm stehen, zurückkommen, möchte ich noch ein paar Beispiele für Meta-Narrative geben, die zurzeit im Trend und stark konsensfähig sind.

Beispiele für aktuelle Meta-Narrative

Das Klimaschutz-Narrativ

Um gleich mit dem derzeit am meisten diskutierten Narrativ zu beginnen, möchte ich einen Blick auf das Klimaschutz-Narrativ werfen. Darüber habe ich ja schon im Kontext der Zukunftsgeschichten in Kapitel 2 gesprochen. Ich möchte hier vor allem die Tatsache erwähnen, dass dieses Narrativ, das man als eine

Variante eines Ökologie-Narrativs bezeichnen könnte, seit Greta Thunbergs ›Schulstreiks für das Klima‹ im Sommer 2018 sehr große Kraft entfaltet hat. Dies funktioniert wohl auch deshalb, weil es auf ganz verschiedenen Ebenen spielt: auf der Bühne der großen Politik und der Wirtschaft, aber auch auf der des alltäglichen Lebens. Viele Menschen haben das Gefühl, selbst in ihrem Alltag einen Beitrag gegen den Klimawandel leisten zu können. Damit können sich Menschen selbst als wirksam erfahren – auch wenn sie wissen, dass ihr eigenes Handeln und das ihrer Mitstreiter nicht ausreichen wird, um wirkliche Veränderungen zu initiieren. Denn dazu sind politische Entscheidungen nötig. Vielleicht ist dies ja auch ein Kennzeichen für ein Narrativ, das eine große politisch-gesellschaftliche Bewegung tragen kann: Die Kombination aus großen Zielen und davon abgeleiteten großen Forderungen und den kleinen Handlungsmöglichkeiten für den Alltag. Ich denke, dass Umweltschutz-Narrative allgemein den Vorteil solcher Kombinatorik besitzen.

Digitalisierungs-Narrative

Eine ganze Gruppe von Digitalisierungs-Narrativen bestimmt schon seit geraumer Zeit gesellschaftliche, wirtschaftliche und politische Diskurse. Die Grundstruktur ist in der Regel folgende:

A: Die schon begonnene Digitalisierung schreitet voran.
T: Sie wird Grundlegendes verändern.
E: Zunehmend wird sie alle Lebensbereiche betreffen.

Dabei lassen sich sowohl dystopische als auch positiv-utopische Varianten beobachten. Die dystopischen Varianten konzipieren die Digitalisierung als Vernichter von Arbeitsplätzen, von Privatsphäre, von Beziehungen bis hin zum Machtverlust der

Menschen als solchen (»Die KI übernimmt die Kontrolle.«). Die positiv-utopischen Varianten – soweit ich sehe werden diese vor allem in der Wirtschaft und in wirtschaftsnaher Politik und Forschung aktiviert – sehen die Digitalisierung als Chance für mehr Produktivität, Wohlstand und bessere Kooperation oder Bildung. Die Narrative unterscheiden sich auch in ihren Wertsetzungen – so legt es zumindest ein gerade in Arbeit befindliches Forschungsprojekt nahe, an dem ich beteiligt bin[7] – je nachdem, ob es um Erwartungen im Bereich der Arbeit oder im Privatleben geht: Viele Individuen in Deutschland scheinen mit der Digitalisierung im Privatleben eher positive, im beruflichen Umfeld eher negative Erwartungen zu hegen.

Natürlich könnte (und müsste) man über das Digitalisierungs-Narrativ und seine Ausprägungen noch viel ausführlicher schreiben, wenn man ihnen gerecht werden wollte, aber das ist nicht Gegenstand dieses Buches. Interessant finde ich, dass – gleichgültig, ob in der dystopischen oder der positiv-utopischen Variante – das Digitalisierung-Narrativ meist einen Aspekt einer Contra-Geschichte besitzt: Die Digitalisierung ist entweder ein Monster, das es zu bekämpfen gilt (das wäre der Fall bei den dystopischen Geschichten) oder es ist eine Entwicklung, die über uns hereinbricht und der wir hilflos ausgeliefert sind oder die wir als Chance sehen und an die wir uns möglichst gut anpassen sollten (das wäre die Anpassungs-Geschichte). Auffällig ist, dass es wenig Pro-Narrative gibt, in denen eine aktive Gestaltung der Digitalisierung thematisiert wird – etwa ausgehend von der Frage: In welcher Gesellschaft wollen wir in Zukunft eigentlich leben, und welche Rolle soll darin die Digitalisierung spielen?

Am Beispiel des Digitalisierungs-Narrativs wird eine Grundfrage gesellschaftlicher Meta-Narrative deutlich: Die Frage danach, welche Rolle wir als Bürger in diesem Narrativ einnehmen: die des Subjekts, des Protagonisten oder die des Objekts, des Wunschobjekts. Sind wir das Subjekt, dann ist es *unsere* Geschichte über *unser* Ziel, das wir anstreben. Sind wir das Objekt, dann ist es die Geschichte eines anderen Protagonisten, der ein Ziel verfolgt, dessen Objekt wir (vielleicht sogar unter anderem) sind. Am Beispiel des Digitalisierungs-Narrativ: Ist die Digitalisierung (oder deren Betreiber, wer immer das sein mag) der Protagonist und sind wir nur die Verfügungsmasse der Digitalisierung oder sind wir die Protagonisten, die die Digitalisierung nach unseren eigenen Vorstellungen gestalten? Wie man leicht sehen kann, sind dies völlig unterschiedliche Perspektiven und Narrative. Der Autor Jaron Lanier hat diese unterschiedlichen und manchmal überraschenden Perspektiven mit seinem Buch-Untertitel auf den Punkt gebracht: *Du bist nicht der Kunde der Internetkonzerne. Du bist ihr Produkt* (LANIER 2014). Wenn ich Kunde bin, bin ich der Protagonist, der sein Ziel mit dem Produkt – z.B. der Social-Media-Plattform – erreichen will. Wenn ich das Produkt bin, ist Facebook der Protagonist der Geschichte und ich, bzw. meine Daten, nur das Zielobjekt dieses Protagonisten. Dieser Perspektivwechsel bedeutet, dass soziale Netzwerke wie Facebook eben nicht in erster Linie dazu da sind, um uns das Leben zu verschönern, sondern dazu, unsere Daten zu bekommen, um sie zu Geld zu machen.

Globalisierungs-Narrative

Als ein letztes Beispiel aktueller politischer Meta-Narrative seien diejenigen genannt, die sich um die sogenannte ›Globalisierung‹ drehen. Hier dominieren ähnlich wie bei den Digitalisierungs-Narrativen die Contra-Geschichten, in denen die Globalisierung wie ein Feind, den es zu bekämpfen gilt, erscheint oder als ein Faktum, eine Rahmenbedingung, der man sich anpassen muss bzw. sollte. Die erste Variante wird hauptsächlich von konservativen bis rechtspopulistischen Kreisen aktiviert. Isolationistische Bestrebungen wie die von Trump oder Orban versuchen ja, die Gefahr, die von dem ›Monster Globalisierung‹ ausgeht, einzudämmen, indem in der Wirtschaft nationalökonomisch gedacht und die Grenzen zunehmend geschlossen werden. Meist sind diese Bemühungen höchst inkonsequent, da sie immer nur Teilaspekte der Globalisierung angreifen, andere aber geradezu schützen. Trump versucht beispielsweise, die US-amerikanische ›Realwirtschaft‹ durch eine rigide Zollpolitik zu schützen, gleichzeitig lässt er jedoch die globalisierte Finanzökonomie fröhlich weiter ihre Spielchen spielen.

Die Anpassungs-Variante des Globalisierungs-Narrativs wird wiederum ähnlich wie beim Digitalisierungs-Narrativ vor allem in Unternehmens- und Wirtschaftskontexten aktiviert. Auch hier werden positive Geschichten als die einer geglückten Anpassung an eine alternativlose Rahmenbedingung erzählt. Pro-Narrative, in denen es um eine aktive Gestaltung der Globalisierung auf der Basis einer Vorstellung, wie wir als Gesellschaft in Zukunft leben wollen, sind – mit Ausnahme der exklusiven und rückwärtsgewandten rechtspopulistischen Varianten – selten.

Der Resonanzraum politischer Geschichten

Politische Narrative können kurzfristig nur erfolgreich sein, wenn sie an prominente und / oder tief verwurzelte gesellschaftliche Meta-Narrative anschließen und mittel- bis langfristig, wenn sie die Kraft entwickeln, Gegen- oder Ablösungsmodelle für bestehende, aber problematisch gewordene Narrative zu konstruieren und zu kommunizieren. Ein Anschlusserfolg war im Jahr 2019 beispielsweise der Höhenflug der Grünen in Deutschland im Anschluss an das breit akzeptierte Klimaschutz-Narrativ. Ein Beispiel für einen mittel- bis langfristigen Erfolg wäre das Umweltschutz-Narrativ, das vor allem ab den 1970er-Jahren in der Folge des ersten Berichts des Club of Rome zuerst das Minderheiten-Narrativ einiger Aktivisten war, inzwischen aber von den meisten politischen Parteien (zumindest in Deutschland) akzeptiert und auch in die diversen Parteiprogramme integriert wurde.

Das Wurzelwerk oder den Humus des politischen Storytelling habe ich deshalb so ausführlich behandelt, weil es den Resonanzraum darstellt, in dem sich politisches Storytelling bewähren muss. Jede noch so gut erzählte Geschichte, jedes noch so gut gemeinte Narrativ hat keine Wirkung, wenn sie oder es nicht auf Resonanz in der Gesellschaft, bei den Menschen trifft. Das klingt wie eine Banalität, ist es aber nicht, wenn man einmal genauer hinterfragt, was Resonanz eigentlich ist. Jemand, der dies sehr gründlich getan hat, ist der Soziologe Hartmut Rosa. Er hat sich Gedanken darüber gemacht, was es für Individuen bedeutet, in einer Beziehung zu ihrer Umwelt zu stehen. Leicht verkürzt definiert er es folgendermaßen:

> »Resonanz ist eine [...] Form der Weltbeziehung, in der sich Subjekt und Welt gegenseitig berühren und zugleich transformieren. Resonanz ist keine Echo-, sondern eine Antwortbeziehung; sie setzt voraus, dass beide Seiten *mit eigener Stimme* sprechen, und das ist nur dort möglich, wo starke Wertungen berührt werden.« (ROSA 2016: 298).

Mit anderen Worten beschreibt er Resonanz als die »Qualität der Weltbeziehung«, als »die Art und Weise, wie wir als Subjekte Welt erfahren und in der wir zur Welt Stellung nehmen« (ebd.: 19). Ein wichtiges Element dessen ist das Empfinden von ›Sinn‹ und damit die Sinnkonstruktion, wie in Kapitel 1 beschrieben: wenn wir Sinn aus der Welt machen, indem wir Geschichten vorfinden, die uns Erklärungen geben, oder Geschichten erfinden, mit denen wir Sinn in die Welt bringen. Das kann im Übrigen auch ein negativer Sinn sein: Die Welt ist so schlecht und mir geht es so dreckig, weil die Erde von Echsenmenschen beherrscht wird oder durch die Kondensstreifen der Flugzeuge Gift auf uns herunterregnet – um nur zwei im Netz beliebte Verschwörungs-Erzählungen zu zitieren.

Soziale Systeme, und damit auch Gesellschaften, sind nach Rosa Resonanzgemeinschaften:

> »Wenn und sofern die Beobachtung also zutrifft, dass soziale Gemeinschaften Resonanzgemeinschaften sind, weil sie die gleichen Resonanzräume bewohnen, so sind sie dies vor allem als *Narrationsgemeinschaften*, die über ein gemeinsames, Resonanzen erzeugendes und steuerndes Geschichtenrepertoire verfügen.« (ROSA 2016: 267).

Auf der politischen Ebene bedeutet dies, dass (positive) Identifikation mit oder (negative) Ablehnung der Politik, des Handelns der ›Eliten‹ etc. damit zusammenhängen, ob es ein solches gemeinsames Geschichtenrepertoire gibt, das politische Akteure oder politische Aktivisten mit zumindest relevanten Gruppen innerhalb der Bevölkerung teilen oder nicht.

Konkret gesprochen hat es mit Resonanz zu tun, wenn wir etwa sagen, die Zeit einer Idee sei gekommen. Unter einer narrativen Perspektive bedeutet dies nichts anderes, als dass das Narrativ, welches hinter der Idee steht, in Resonanz zu Meta-Narrativen – alten oder gerade aktuellen – in der Gesellschaft steht.

Wie stehen die Narrative, die eine politische Partei oder eine Bewegung als ihre sinnstiftenden kommunizieren, in Resonanz zu Sinn- und Identitäts-Narrativen, die von relevanten Gruppen in der Gesellschaft geteilt werden? Man könnte beispielsweise die Vermutung äußern, dass der in den letzten 15 Jahren beobachtbare Bedeutungsverlust der SPD auch damit zusammenhängt, dass die Basis-Narrative dieser Partei noch auf einer sozialen Konstruktion beruhen (Arbeiter/Arbeitnehmer versus

Kapital / Unternehmer), die nur noch von kleineren Gruppen als prägend für unsere Gesellschaft wahrgenommen wird.

Eine zweite zentrale Frage in diesem Zusammenhang ist die, wie politische Narrative in Resonanz zu den Sinn- und Identitäts-Narrativen von Individuen gehen. Auch wenn die meisten Menschen kein explizites ›Sinn-Narrativ‹ haben, haben sie doch meist mehr oder weniger genaue Vorstellungen, was sie sich unter einem gelungenen oder guten, oder zumindest erträglichen Leben vorstellen. Der Wunsch nach einem eigenen Haus als ein Element eines solchen guten Lebens ist dann eingebettet in ein autobiografisches (Wunsch)Narrativ: »Wenn ich einmal ein eigenes Haus haben werde, dann wird das Leben ein anderes, ein besseres sein!« Auch der Wunsch, den eigenen Kindern möge es einmal besser als einem selbst gehen, ist ebenfalls narrativ strukturiert: »Was kann ich tun, damit die Lebensgeschichte meiner Kinder eine gute Geschichte wird?« Im Zusammenhang damit ist es relevant, inwiefern diese autobiografischen Narrative Einzelner in einem politischen Narrativ einer Partei oder Bewegung ihren Platz findet. Ich habe hier der Einfachheit halber etwas kleinbürgerlich-antiquiert wirkende Wertsetzungen genannt (obwohl ich glaube, dass sie für viele Menschen auch heute noch relevant sind), aber zum Beispiel ist das Klimaschutz-Narrativ im Zusammenhang mit dem Wert, den Kindern eine lebenswerte (oder überhaupt bewohnbare) Welt zu hinterlassen für viele Menschen sehr anschlussfähig und Parteien wie die Grünen, die für dieses Narrativ stehen, sind derzeit (zumindest vor der Corona-Krise) im Aufwind. Andere Parteien, wie die SPD sind Anfang 2020, während ich diese Seiten schreibe, offenbar weniger anschlussfähig, wenn man überhaupt davon sprechen kann, dass die SPD im Moment überhaupt ein schlüssiges, in die Zukunft gerichtetes Narrativ hat. Sie wird wohl in der Öffentlichkeit eher als die Partei wahrgenommen, die sozialpolitische Einzelhäppchen zu verteilen versucht und der die ›Agenda 2010‹ noch wie ein schlechter Geruch in den Kleidern hängt: Als Partei, die das Leben der Ärmsten der Gesellschaft noch schwerer gemacht hat. Ich möchte hier natürlich nicht in eine Diskussion über die Vor- und Nachteile der ›Agenda 2010‹ eintreten – Fakt ist, dass das erwähnte Narrativ von Teilen der Bevölkerung (und vermutlich keines kleinen Teils der Stammwähler dieser Partei) ihr zugeschrieben wird.

Die Frage ist nun natürlich, wie man als politischer Akteur mit den eigenen Storys und Narrativen in Resonanz gehen kann – mit den eigenen Wählern, mit potenziellen Wählern, mit gesellschaftlichen Strömungen, Entwicklungen und Trends. Die ernüchternde Antwort ist: Dafür gibt es kein Patentrezept. Empfehlen kann ich nur das immer Gleiche: Ein offenes Ohr zu entwickeln für die Geschichten der Menschen, ihren Erfahrungen und den ›Mindsets‹, die sich hinter diesen Geschichten verbergen. In Resonanz zu gehen, heißt eben nicht, nur Geschichten zu erzählen, sondern Geschichten auszutauschen.

KAPITEL 4
FAKE STORYS UND WAHRE GESCHICHTEN: DIE VERANTWORTUNG DES POLITISCHEN STORYTELLING

Fakten und Geschichten

Der erste Schritt zu einer nüchternen Einstellung zu Geschichten in der Politik wäre einzusehen, dass Politik in einer Demokratie weniger aus Fakten und Argumenten gemacht wird als aus Narrativen, Geschichten und Erzählungen. Bei der bereits erwähnten Kritik am Erzählen in ›ernsthaften‹ Bereichen wie Politik, Journalismus oder Wirtschaft schwingt immer zumindest latent mit, dass in diesen heiligen Hallen ›eigentlich‹ Geschichten nichts zu suchen haben. Man lasse sie aber zu, weil man sich genötigt sehe, Zugeständnisse an die Auffassungsgabe oder das Unterhaltungsbedürfnis des Publikums zu machen. Dahinter steckt also der Seufzer: »Es wäre schön, wenn wir nur mit Logik und Argumenten Politik, Journalismus, Geschäfte, Mitarbeitermotivation und ähnliches machen könnten. Aber die Menschen sind halt so! Sie wollen unterhalten und emotional erreicht werden.« Das Erzählen wird so als ein Zugeständnis an das Bedürfnis nach ›Brot und Spielen‹

gesehen, als etwas, das man gut beraten ist, zu tun, wenn man die ›breiten Massen‹ erreichen will, was man aber ›eigentlich‹ lieber lassen sollte. Vielen PolitikerInnen wäre es wohl am liebsten, wenn sie einfach ihre Argumente auf den Tisch legen könnten und die Menschen würden sie dafür wählen. Das Erzählen oder das Arbeiten mit Geschichten rückt in ihren Köpfen häufig in die Nähe der Demagogie oder der Manipulation.

Zu all diesen Kritikpunkten ist zu sagen: Ja, natürlich kann man mit Geschichten lügen und manipulieren. Ja, man kann mit Geschichten Menschen verführen, auch wenn man vielleicht nicht die besseren Argumente hat. Aber man kann mit Geschichten und narrativen Strukturen auch Menschen für das, was man für richtig hält, begeistern und vor allem zum Handeln animieren. Und nach allem, was ich in Kapitel 1 über die Bedeutung von Geschichten und Narrativen für die Konstruktion von Sinn zusammengetragen habe, dürfte klar sein, dass man bei einer Tätigkeit wie der Politik, bei der es fundamental um Sinnstiftung geht (oder zumindest gehen sollte), auf Geschichten nicht verzichten kann.

Das Thema des Datenschutzes ist ein Beispiel dafür, dass man mit Logik und Argumenten allein nicht allzu weit kommt, wenn man Menschen überzeugen möchte, ihre Handlungsweise zu ändern. Denn die Argumente liegen ja alle klar auf dem Tisch. Jeder weiß: Umso mehr Daten ich im Netz hinterlasse, desto leichter kann ich ausgespäht werden. Je mehr ich im Netz veröffentliche, desto detailreicher wird meine digitale Identität, und wenn ich nicht sehr aufpasse, können da durchaus auch Bilder und Elemente dabeisein, die ich vielleicht schon jetzt oder in fünf oder in 20 Jahren nicht mehr mit meiner Person verknüpft sehen will. Denn – so die digitale Binsenweisheit – das Netz vergisst nicht. Und ja, es besteht die Gefahr, dass ich durch die Auswertung von Big Data in der Kombination unterschiedlicher Datenquellen zunehmend zum gläsernen Menschen werde, und jetzt schon oder in Zukunft große Nachteile in Kauf nehmen muss. Es kursieren jedenfalls schon Geschichten, dass Menschen, die in bestimmten, als ›sozial schwach‹ angesehenen Stadtvierteln leben, es allein durch ihre Adresse schon schwerer als andere haben, einen Kredit zu bekommen, und manche Krankenkassen haben begonnen, günstige Tarife davon abhängig zu machen, dass man ihnen die Daten eines Fitness-Trackers zu Verfügung stellt (vgl. zu weiteren Beispielen GRIMM/KEBER/ZÖLLNER 2019).

Doch Fakt ist, dass trotz all dieser bekannten Argumente die meisten Menschen der Bequemlichkeit den Vorzug geben und bedenkenlos auch Netzdienste nutzen, von denen bekannt ist, dass sie Daten intensiv sammeln und für vielfältige Zwecke verwenden. Argumente helfen offenbar nicht viel, wenn es darum geht, Menschen zu einem anderen Verhalten zu motivieren. Viele sind dann der Meinung, man müsse einfach abschreckende Geschichten darüber erzählen, was Menschen mit ihren Daten geschehen ist. Und solche abschreckenden Geschichten gibt es ja zur Genüge – oben habe ich selbst ja einige angedeutet. Aber offenbar entwickeln diese nicht die Wirkung, die sich Datenschützer erhoffen. Was also tun? Warten auf die große Geschichte, die alle mitreißt?

Vielleicht. Im Zusammenhang mit der Klimakrise scheint es seit 2018 / 2019 so zu funktionieren. Denn auch über die negativen Folgen eines ungebremsten CO_2-Ausstoßes gab es schon seit Jahrzehnten viele Fakten und Belege. Doch diese haben weder bei einer relevanten Anzahl Einzelner noch bei den Verantwortlichen aus Politik, Gesellschaft und Wirtschaft ein Umdenken ausgelöst. Erst seit ab August 2018 ein 16-jähriges schwedisches Mädchen mit ihrem Schild einen ›Schulstreik für das Klima‹ veranstaltete und ihr Tausende und Millionen Schüler, aber auch Studierende, Wissenschaftler und sogar Senioren bei den ›Fridays for Future‹ nacheiferten, gibt es eine Story, ein Narrativ, das offenbar für zahlreiche Menschen so attraktiv ist, dass sie sich damit identifizieren können und sich zum Handeln entschließen. Vielleicht rührt der Erfolg dieses Narrativs ja daher, dass es an alte kulturelle Geschichten anschließt, zum Beispiel das von Jeanne d'Arc, der Jungfrau, die den Kampf gegen einen übermächtigen Gegner anführt. Oder das David-gegen-Goliath-Narrativ, das dem scheinbar Machtlosen die Überhand gibt. Und das Friday-for-Future-Narrativ produziert selbst wieder viele Geschichten aus fast allen Städten Europas, und Geschichten über Greta Thunberg selbst, die in Davos »I want you to panic!« den Wirtschaftsbossen der Welt ins Gesicht ruft und die mit einem Segelboot nach Amerika fährt, um dort bei der UNO »How dare you!« zu sagen. Und all dies hat nicht nur Politiker, sondern auch Wirtschaftsführer dazu gebracht, bislang zumindest auf der verbalen Ebene, sich als Kämpfer gegen die Klimakrise zu gebärden; selbst der Vorsitzende der konservativen CSU ist darüber zum Klimapolitiker geworden! Und diese Geschichten wiederum geben einer Partei Auftrieb, die schon lange Umweltpolitik auf ihre Fahnen geschrieben hat und nun mit ihren Narrativen in Resonanz zu dieser Geschichtenwelt geht, die zurzeit so gut funktioniert. Zumindest galt dies bis zu Beginn der Corona-Krise: Seitdem haben vor allem diejenigen Parteien, die in der politischen Verantwortung sind, Auftrieb bekommen; das Thema der Klimakrise scheint zumindest ›geparkt‹, bis man die Pandemie in den Begriff bekommen hat.

Eine Anmerkung auf der Metaebene ist mir hier wichtig: Während ich dies Anfang April 2020 schreibe, während der Ausgangsbeschränkungen und dem Shutdown zur Pandemie-Bekämpfung, wird mir bewusst, wie vorläufig alle Narrative und Geschichten sind. Wie es genau weiter geht, weiß niemand, vielleicht sind manche Entwicklungen, die ich in diesem Buch beschrieben habe, an ein ›totes Ende‹ gekommen, vielleicht entstehen gerade ganz neue Narrative und ›Storylines‹, die unser Leben die nächsten Jahre begleiten werden und von denen ich jetzt nichts ahne. Geschichten, auch wenn sie von vergangenen Entwicklungen erzählen, sind eben immer ein Produkt der Gegenwart ihres Erzählens und ein Ausschnitt aus dem Strom des Geschehens. Auch wenn Geschichten scheinbar zu Ende erzählt sind, kann der Faden immer wieder aufgenommen und weitererzählt werden.

Fakes und Facts: Was sind wahre Geschichten?

In Auseinandersetzungen um populistische Positionen und die Frage, weshalb Menschen die doch recht einfach und durchschaubar gestrickten Behauptungen rechtspopulistischer Parteien oder Bewegungen zu akzeptieren scheinen, werden die Gründe häufig darin gesehen, dass ein einfacher und naheliegender Sündenbock für alle Probleme angeboten wird – die Medien, die Migranten, die Eliten, die ›Multikultis‹ etc. Letztlich machen diese Narrative ein Angebot, Probleme zu externalisieren: Es hat nichts mit mir oder mit uns zu tun, dass ich arbeitslos bin, sondern andere sind daran schuld. Von Vertretern anderer politischer Strömungen werden diese Sündenbock-Externalisierungen und die dazugehörenden Geschichten meist als manipulative Konstruktionen bzw. als ›Fake Storys‹ gesehen.

Aber was, wenn eine solche Geschichte wahr wäre? Wenn es wirklich eine Verschwörung der ›Eliten‹ gegen das ›Volk‹ gäbe? Alle Verschwörungs-Erzählungen spielen mit dieser Möglichkeit. Und tatsächlich werden ja auch immer wieder Skandale aufgedeckt, hinter denen auch Angehörige der ›Eliten‹ stecken – alle Steuerhinterziehungs- und Spekulations-Skandale (es seien nur die Stichworte ›Panama-Papers‹ oder ›Cum-Ex‹ genannt) der letzten Jahre geben diesbezüglich ja beredt Auskunft.

Die Frage wäre also, wie man unterscheiden kann zwischen einer reinen Sündenbock-Externalisierung und tatsächlichen Verantwortlichkeiten für Missstände. Oder anders formuliert:

Wie kann ich erkennen, ob ein Narrativ über einen tatsächlichen Skandal erzählt oder nur eine wohlfeile Zuschreibung macht. Denn aus der Sicht der Vertreter rechtspopulistischer Narrative sind diese ja ›wahr‹ (oder werden zumindest als wahr ausgegeben). Die Grundfrage, die sich für das politische Storytelling stellt, ist keine geringere als die nach der ›Wahrheit‹ von Geschichten. Denn wenn man jede Kritik an einer Institution oder ihren Handlungen als Sündenbock-Externalisierung diffamieren würde, dann könnte an nichts mehr Kritik geäußert werden und demokratische Auseinandersetzungen wären nicht mehr möglich. Gibt es also ein Unterscheidungsmerkmal zwischen – um in unserem Beispiel zu bleiben – diffamierender Sündenbock-Dynamik und berechtigter Kritik?

Auf den ersten Blick scheint diese Unterscheidung schwierig zu sein: Die Diskussionen zwischen Rechtspopulisten und Vertretern anderer politischer Richtungen sind ja nicht zuletzt deshalb so unfruchtbar, weil jede Seite die jeweilige Position als gut begründet und ›wahr‹ darstellt. Letztlich prallen zwei (behauptete) Wahrheiten aufeinander und es ist offenbar nicht im Konsens auflösbar, welche Wahrheit die ›wirklich wahre‹ ist. Denn – um es einmal neutral zu formulieren – jede der beiden gegnerischen Gruppen hat einen eignen argumentativen Bezugsrahmen: Wenn es etwa um Fragen wie die der Klimakrise geht, die ja von Teilen der rechtspopulistischen Bewegung als nicht menschengemacht bewertet wird, werden unterschiedliche (wissenschaftliche und nicht wissenschaftliche) Theorien angeführt. Und wenn dies nicht möglich ist, wird die gesamte ›Mainstream‹-Wissenschaft als ›Systemwissenschaft‹ diffamiert, die nur dazu da sei, den ›Eliten‹ ihre Argumente zu liefern.

Hier wird das eigentliche Problem sichtbar: Diese Auseinandersetzung ist auf argumentativer Ebene nicht zu lösen, denn dazu wäre ein gemeinsamer Bezugsrahmen nötig. Würden sich beide Diskussionspartner zum Beispiel auf den Bezugsrahmen der ›Wissenschaft‹ einigen, könnte innerhalb dieser rational darüber diskutiert werden, ob bestimmte Fakten und die davon abgeleiteten Hypothesen ›wahr‹ sind oder nicht. Natürlich kann es auch dabei zu Differenzen kommen. Doch der gemeinsame Bezugsrahmen stellt Kriterien sicher, nach denen eine eventuelle Entscheidung getroffen werden kann – wenn etwa eine der Hypothesen nach wissenschaftlichen Regeln falsifiziert ist. Das Problem in Auseinandersetzungen mit Rechtspopulisten ist jedoch, dass dieser gemeinsame Bezugsrahmen fehlt. Für Donald Trump ist beispielsweise Wissenschaft irrelevant und das eigene Bauchgefühl der alleinige Referenzrahmen für Wissen und Handeln. Dahinter steckt, dass Rechtpopulisten und ›die Mitte der Gesellschaft‹ in unterschiedlichen Narrativen unterwegs sind, die ihren jeweiligen Bezugsrahmen liefern. Ein Narrativ, das strukturell dazu angelegt ist, Schuld an Problemen zu externalisieren und ganze Bevölkerungsgruppen zu Sündenböcken zu machen, ist nicht mit einem Narrativ kompatibel, das zum Beispiel die Ursache von Problemen komplex und multikausal sieht.

Welchen Bezugsrahmen auch immer man wählt: Wahrheit ist immer abhängig davon. Es gibt – zumindest jenseits rein deduktiver Systeme wie der Mathematik – keine überzeitlichen und unabhängigen Wahrheiten. Um über Wahrheit und Lüge, über Nachrichten und Fake News überhaupt sprechen zu können, brauchen wir eine Entscheidung für einen Bezugsrahmen. Und damit sind wir bei einer der großen Fragen nicht nur der Philosophiegeschichte, sondern auch des alltäglichen, politischen und medialen Kommunizierens angekommen: Was ist eigentlich ›Wahrheit‹? Gerade in den letzten Jahren, in denen Begriffe wie ›Fake News‹ und ›Lügenpresse‹ eine erstaunliche Karriere gemacht haben, schwingt diese Frage latent immer mit. Das wirklich Erstaunliche daran ist jedoch nicht, dass es falsche Meldungen, Informationen und Lügengeschichten gibt – die gab es immer, ob aus einem Irrtum oder aus einer bestimmten Absicht heraus erzählt. Das wirklich Erstaunliche heute ist, dass ein entdeckter Irrtum oder eine aufgedeckte Lüge keineswegs notwendig dazu führen, dass der Lügner oder sich Irrende damit zum Verstummen gebracht wird: Er kann heute einfach behaupten, die eigene Aussage beruhe auf ›alternate facts‹, und dies offenbar ohne damit jegliche Seriosität und Respekt zu verlieren (zumindest bei den eigenen Anhängern). Das bekannteste Beispiel, das immer wieder kolportiert wird, ist die Aussage Trumps, bei seiner Vereidigung seien viel mehr Menschen anwesend gewesen als bei der von Obama. Und Trump hielt auch an dieser Aussage fest, als Fotos von beiden Veranstaltungen veröffentlicht wurden, die genau das Gegenteil belegten. Die Journalistin Meredith Haaf hat in einem Artikel in der *Süddeutschen Zeitung* vom 25. Januar 2020 die dahinterliegende Frage gestellt, ob es denn die Wahrheit in mehreren Varianten gebe, etwa wenn Menschen von »subjektiven Wahrheiten« im Kontext von alternativen Heilweisen sprechen, deren Wirkung nicht wissenschaftlich nachgewiesen ist (HAAF 2020). Und auch in Kontexten wie Therapie, Coaching, Selbstoptimierung etc. wird häufig davon gesprochen, dass jeder und jede seine oder ihre eigene subjektive Sicht der Welt und des eigenen Ich hat – und damit eine eigene Wahrheit. Nicht von ungefähr tendiert ja auch die in der Erkenntnistheorie vorherrschende Haltung in Richtung Konstruktivismus (vgl. z.B. GLASERSFELD 1987) bzw. sozialen Konstruktionismus (vgl. z.B. Berger/Luckmann 1980), wenn auch im Moment – meiner Meinung nach allerdings nicht sehr überzeugend – eine Gegenbewegung entsteht, die sich ›Neuer Realismus‹ nennt (vgl. z.B. GABRIEL 2013).

Auf wissenschafts- und erkenntnistheoretischer Ebene ist es weitgehend Einverständnis, dass das, was uns als ›Realität‹ zugänglich ist, eine Konstruktion einer Gemeinschaft, einer Kultur ist und verschiedene Kulturen daher unterschiedliche Realitätsmodelle für ›wahr‹ halten können. Solange diese Kulturen relativ homogen sind und in nicht allzu großem Austausch mit anderen stehen, gibt es damit auch keine großen Probleme. Problematisch wird es jedoch, wenn unterschiedliche Gruppen innerhalb einer Gesellschaft nicht nur unterschiedliche Meinungen zu offenen Fragen, sondern grundsätzlich sich ausschließende Realitätsmodelle vertreten. Zu beobachten ist dies etwa im Mittleren Westen der USA, wo in einigen Gebieten ultrareligiöse Gruppen durchgesetzt haben, dass in der Schule neben der Evolutionstheorie auch der biblische Kreationismus gelehrt werden muss. Hier konkurrieren mit den Realitätsmodellen auch zwei grundlegende Wahrheitsmodelle miteinander: Ist Wahrheit das, was Gott den Christen offenbart hat? Ist also Religion das hierarchiehöchste, nicht hinterfragbare Wissenssystem? Oder ist wahr, was die moderne Wissenschaft mit ihren Methoden als bestätigt bzw. (bislang) nicht falsifiziert (wenn man Karl Popper folgt) ausweist? Ist also ›Wissenschaft‹ das hierarchiehöchste Wissenssystem dieser Kultur oder die religiöse Offenbarung?

In unseren (westlichen) Gesellschaften war spätestens seit der Aufklärung Konsens, dass Wissenschaft das hierarchiehöchste Wissenssystem ist. Das kann man zum Beispiel an unserem Rechtssystem sehen: Wenn es in einem Rechtsstreit um eine fachliche Expertise oder Begutachtung geht, werden VertreterInnen der Wissenschaft gehört, und nicht Vertreter anderer, zum Beispiel religiöser oder esoterischer Wissenssysteme. Wenn es um die Schuldfähigkeit eines Angeklagten geht, wird ein Psychologe oder Psychiater mit einem Gutachten beauftragt, wenn es um einen Abgleich zwischen am Tatort gefundenen Spuren und der DNA der Beschuldigten geht, eine Medizinerin oder ein Biologe. Auf keinen Fall würde vor einem Gericht in Deutschland zur Schuldfähigkeit eines Angeklagten ein Priester mit Fachgebiet Exorzismus befragt, ob der Beschuldigte vom Teufel besessen sei, oder ein Astrologe, der durch eine Analyse des Stands der Sterne zum Tatzeitpunkt eine Aussage über mildernde Umstände (»Die Sterne standen für ihn ungünstig.«) macht. Auch in politischen Expertenhearings werden fast ausschließlich Vertreter der Wissenschaft eingeladen (wenn es nicht explizit um religiöse Fragestellungen geht; aber auch dann geht es eher um die soziale Integration von Gläubigen als um Glaubensinhalte an sich). Die Institution, die in unserer Gesellschaft für Wissen und damit auch für bestimmte übersubjektive Wahrheiten zuständig ist, nennen wir Wissenschaft.

Doch offenbar funktioniert dieser Primat der wissenschaftlichen Wahrheit in vielen gesellschaftlichen Diskursen unserer Gesellschaft immer weniger. Selbst wenn sich nahezu alle Fachwissenschaftler einig sind, dass die Klimaveränderung eine menschengemachte ist, können größere Gruppen einfach behaupten, dies sei nicht der Fall – und das ohne jede Fachexpertise. In diesem Aspekt unterscheidet sich der Klimadiskurs zum Beispiel von der Auseinandersetzung über die Gefährlichkeit oder Harmlosigkeit der Atomenergie seit den 1960er-Jahren: Dies war ein Diskurs, der natürlich auch mit nicht-wissenschaftlichen Argumenten geführt wurde, aber beide Seiten hatten seriöse Vertreter der Wissenschaft auf ihrer Seite. Im Fall des Klimadiskurses ist dies nicht der Fall; ›Klimaleugner‹ zweifeln mit ihrer Haltung implizit auch den Primat der Wissenschaft an.

Natürlich ist klar, dass wissenschaftliche Wahrheiten immer nur vorläufig sind, nämlich so lange, bis sie im Popperschen Sinne falsifiziert sind. Doch der Anspruch der Wissenschaft in unserer Gesellschaft ist es, zu jedem Zeitpunkt über das bestmögliche erlangbare Wissen zu verfügen – zumindest über die Gegenstandsbereiche, für die sich die Wissenschaft zuständig fühlt. Es ist natürlich Definitionssache, was davon ausgeschlossen wird: ›Geisterkunde‹ beispielsweise oder Astrologie.

Natürlich bedienen sich Menschen auch anderer Typen von Wissen, neben dem wissenschaftlichen: Religiöse Glaubenssysteme haben ihre eigenen, oft wissenschaftlich nicht bestätigbare Wissenssysteme und auch die zahlreichen Spielarten esoterischen

Wissens werden von vielen Menschen vertreten. Zudem hat natürlich jeder von uns seine subjektiven Erfahrungen, aus denen er ebenfalls für ihn relevantes Wissen gewinnt. All diese unterschiedlichen Wissenstypen haben ihre Berechtigung. Dennoch braucht jede Gesellschaft als Basis für die eigenen Sinn-, Identitäts- und Wertesysteme auch eine gemeinsame Basis dessen, was als relevantes Wissen angesehen werden soll und was nicht. Ohne eine solche gemeinsame Basis könnten gesellschaftliche Entscheidungen nur noch rein intuitiv getroffen werden. In unseren demokratischen Gesellschaften ist diese Basis eben im weitesten Sinne das wissenschaftliche Wissen, in theokratischen Gesellschaften religiöses, in ideologisch-kommunistischen marxistisch-leninististisches etc. Am Rechtssystem bzw. an der Rechtsprechung kann man erkennen, welche Wissenssorten relevant sind.

Ich möchte hier allerdings nicht den Eindruck erwecken, ich sei ein positivistischer Wissenschaftsgläubiger, der unsere Art und Weise, Wissenschaft zu betreiben, für sakrosankt hält. Ich denke, dass im westlichen Wissenschaftsbetrieb sehr viel schiefläuft. Allen voran die zunehmende Quantifizierung von immer mehr Fachgebieten, deren Gegenstandsbereich eigentlich nicht quantifizierbar ist: Psychologie, Sozial- und Kommunikationswissenschaften versuchen verzweifelt, sich dem quantitativen Modell der Naturwissenschaften anzupassen, was natürlich eine starke Einengung der Perspektiven und damit der Erkenntnismöglichkeiten bedeutet. Aber auch Wissenschaft kann sich verändern. Wichtig ist mir die Feststellung, dass jede Gesellschaft eine gemeinsame Wissensbasis braucht, um Irrtümer und Lügen von ›Wahrheiten‹ zu unterscheiden. Auch auf einer solchen gemeinsamen Basis muss jedoch Platz für viele unterschiedliche Geschichten und subjektives Wissen sein; gemeinsame Entscheidungen kann man allerdings nur auf der Basis eines gemeinsamen Bezugsrahmen treffen. Eine Spannung zwischen dem Individuellen (den vielen und subjektiven Geschichten) und dem

Öffentlichen und Gemeinsamen (der gemeinschaftsbildenden Geschichte) wird dabei immer bleiben und ist unauflösbar, wie der amerikanische Philosoph Richard Rorty betont (RORTY 1992). Vielleicht könnte man das Wesen einer Demokratie im ständigen Aushandeln zwischen diesen beiden Geschichten-Welten sehen.

In der medialen Kommunikation stellen sich täglich Fragen wie die, ob irgendeine Aussage wahr, ein Faktum zutreffend ist. Misstrauen gegenüber medialer oder medial gestützter Kommunikation trifft alle Beteiligten und kommt von allen Seiten: Rechtspopulisten bezeichnen die etablierten Medien als ›Lügenpresse‹, andere beschuldigen Politiker wie Trump, Fake News zu verbreiten, im Internet werden erfundene oder frisierte Geschichten und Nachrichten von unterschiedlichen Playern publiziert, aufgedeckt, kritisiert, verteidigt und weiter verbreitet. Es scheint oft so, als ob auch hier ein Maßstab dafür verloren gegangen ist, was als wahr / zutreffend und was als falsch einzuordnen ist. Wie oben schon erwähnt, ist offenbar das Kriterium des Belegs eines Faktums unscharf geworden: Man behauptet einfach, dies seien ›alternate facts‹, anstatt einen Irrtum oder gar eine Lüge einzugestehen.

Dieser Befund ist dann kein großes Problem, wenn diejenigen, die so achselzuckend mit Fakten und ›Wahrheiten‹ umgehen, Minderheiten sind. Im Milieu der Vertreter von Verschwörungs-Erzählungen gab es immer Menschen, die steif und fest daran glaubten und glauben, die Mondlandung sei nur in einem Fernsehstudio simuliert worden oder die Menschheit werde in Wirklichkeit von maskierten Echsenwesen beherrscht. Ein Problem entsteht erst dann, wenn quantitativ bedeutende Teile einer Gesellschaft oder sogar die Mehrheit diesen Umgang mit der Realität pflegen. Grundsätzlich ist dies aus zwei Gründen ein Problem:

Erstens setzt funktionierende Kommunikation immer ein Wahrheitspostulat voraus: Kommunikation ist auf Dauer nur möglich, wenn ich darauf vertrauen kann, dass die meisten meiner Kommunikationspartner nach bestem Wissen und Gewissen meistens die Wahrheit sagen, bzw. das sagen, was sie ›wirklich‹ denken und fühlen. Natürlich kann es auch hier immer wieder zu Irrtümern, vielleicht sogar kleinen Notlügen kommen – aber grosso modo ist Kommunikation, und damit der Aufbau einer Beziehung nur möglich, wenn dieses »Wahrheitspostulat« von den meisten Mitgliedern einer Gesellschaft akzeptiert wird (vgl. dazu SOTTONG/MÜLLER 1998: 141). Zwei oder mehr ›alternative‹ Wahrheiten oder Fakten-Wolken definieren zwei oder mehr Gemeinschaften oder Gesellschaften, die sich schwertun, miteinander zu kommunizieren bzw. sich auch nur darüber zu einigen, was eigentlich die Welt ist, in der sie leben. Jede dieser Parallel-Gesellschaften lebt dann in ihrer eigenen ›Story-Bubble‹, die dann jeweils andere Narrative zur Erklärung und kausalen Herleitung relevanter Zustände und Sachverhalte enthält. Eben weil diese »Bubbles« (den Begriff habe ich von Eli Parisers »Filter Bubble« entlehnt; vgl. PARISER 2011). Deshalb sind Menschen, die in ihrer eigenen ›Story-Bubble‹ leben, nicht mit Argumenten und Fakten zu überzeugen: Es sind ja die narrativen Prämissen, bei denen man schon eine Divergenz hat.

Zweitens entzieht die Weigerung, sich auf ein gemeinsames Weltmodell zu beziehen, demokratischer Politik den Boden. Denn bei allen Konflikten, Meinungsverschiedenheiten, Kämpfen und unterschiedlichen politischen Zukunfts-Narrativen kann eine demokratische Meinungs- und Willensbildung nur funktionieren, wenn man sich über bestimmte Prämissen zu den Realitätsbereichen, um die es geht, einigen kann.

Ein aktuelles Beispiel ist wiederum die Klimakrise. Eine ›normale‹ demokratische Auseinandersetzung würde darin bestehen, sich zu überlegen, wie die wissenschaftlichen Fakten bezüglich des politischen Handelns zu interpretieren sind. Ob man zum Beispiel schon jetzt aus der Kohleverbrennung aussteigen muss oder ob es reicht, dies in zehn Jahren zu tun, ob der Handel mit Klimazertifikaten eine wirkliche Lösung bietet oder nur eine

Scheinlösung ist etc. Oder es könnte eine Auseinandersetzung darüber entbrennen, ob die wissenschaftlichen Daten zuverlässig sind, ob die angewendeten Messmethoden die richtigen sind oder die Ergebnisse auf einer nicht zuverlässigen Basistheorie beruhen. Dies wären ›normale‹ wissenschaftliche Auseinandersetzungen. Alle Kontrahenten würde aber die Basisüberzeugung einen, dass wissenschaftliche Erkenntnis anzustreben sei und Wissen, das über die gemeinsam formulierten Regeln gewonnen wurde, das relevante sei. Denn auch dem journalistischen Wahrheitsbegriff liegt – zumindest im sogenannten ›Westen‹ – der empirische Rationalismus des europäischen Wissenschaftsbegriffs zugrunde. Man kann natürlich darüber diskutieren, ob es nicht bessere Wissens- und Wahrheitsbegriffe gibt, aber solange man keinen besseren gefunden hat, wäre es, um den Preis einer absoluten Beliebigkeit – fahrlässig, ihn einfach aufzugeben.

Die populistische Beliebigkeit der ›alternate facts‹ bedeutet letztlich die Negierung und Ablehnung des gesamten Systems ›Wissenschaft‹. Dahinter steckt, wie gesagt, eine ähnliche Fundamentalopposition wie etwa die gegen die wissenschaftliche Evolutionstheorie von Seiten bibeltreuer ›Kreationisten‹: Während diese allerdings noch eine Basis für ihr Wissens- und Realitätssystem anzugeben vermögen (nämlich die Bibel), bleibt eine solche Basis bei populistischen Klimaleugnern unklar: Man behauptet einfach etwas und lässt sich durch keinerlei Widerlegungen, woher diese auch kommen mögen, beirren.

Kein Wunder ist natürlich, dass bei einer solchen Fundamentalopposition auch die Medien einer Gesellschaft als ›Systemmedien‹ abgelehnt werden, sie in keinerlei Hinsicht als Quelle von relevanter Information gedeutet werden, sondern nur Medienprodukten aus der eigenen Community vertraut wird. Der Wahrheitsbegriff aktueller Rechtspopulisten ist ein flottierender, der auf keiner Basis beruht und gerade deshalb jeglichen Argumenten unzugänglich ist.

Warum wir die Wahrheit brauchen, auch wenn es sie nicht gibt

Hier soll es natürlich nicht vordergründig um eine Auseinandersetzung mit dem Rechtspopulismus gehen. Doch er zeigt die Gefahr des Zerfalls einer Gesellschaft, in der mangels gemeinsamer Basis kaum noch Dialog möglich erscheint. Letztlich ist in einem solchen Fall eine politische Auseinandersetzung nur noch nach dem Prinzip ›Entweder du oder ich‹ möglich. Was geschieht, wenn Vertreter einer Fundamentalopposition gegen das ansonsten allgemein akzeptierte Wissens- und Realitätssystem an die Macht kommen, kann man nach der Machtübernahme der Nationalsozialisten in Deutschland oder – in abgeschwächter Form – nach der der Mullahs im Iran studieren.

Auch pluralistische demokratische Gesellschaften wie die unsere brauchen gemeinsame Basis-Narrative, die den Kern ihrer Identität definieren. Pluralität kann es nur geben, wenn es eine gemeinsame Basis gibt: Diskussionen über die Wahrheit oder die Faktizität von Inhalten machen nur Sinn, wenn es einen gemeinsamen Konsens dessen, was unter Fakten zu verstehen ist, gibt.

Der Freiburger Philosoph Andreas Urs Sommer hat ein sehr lesenswertes Buch mit dem Titel *Werte. Warum man sie braucht, obwohl es sie nicht gibt* gegeben (SOMMER 2016) geschrieben. In ähnlicher Weise könnte man auch formulieren: »Wahrheit. Warum man sie braucht, obwohl es sie nicht gibt«. Wenn es keine Basis für Diskurse gibt, wenn jeder wie Trump mit der gleichen Inbrunst heute dies und morgen das behaupten kann, ohne dass dies wesentliche Gruppen stört – dann ist die gemeinsame Identitätsbasis einer Gesellschaft zerstört.

Das klingt auf den ersten Blick sehr hoffnungslos. So, als ob man nur hoffen könne, dass Parteien wie die AfD in Deutschland oder der Rassemblement National in Frankreich nicht an die Macht kommen. Dass Parteien wie die PiS in Polen oder die Fidesz in Ungarn abgewählt werden, bevor sie die demokratischen Institutionen völlig zerstören können.

Die hoffnungsvolle Botschaft ist jedoch: Vermutlich sind die meisten Wähler solcher Parteien keine strengen Anhänger einer rechten Ideologie oder einer Fundamentalopposition, wie sie die ideologischen Vorbeter dieser Bewegungen predigen. Viele von ihnen sind Protestwähler und viele fühlen sich von den einfachen Geschichten und Narrativen der Populisten, die scheinbar naheliegende Erklärungen für die Lage der Gesellschaft und der Einzelnen liefern (»Die Migranten sind schuld, wenn Du keine Arbeitsstelle findest.«) angezogen. Und weil es auf Seiten der etablierten Parteien ein Vakuum an sinnstiftenden Narrativen gibt (siehe die Ausführungen zum Thema ›Zukunftsgeschichte‹ in Kapitel 1), greifen die Menschen eben nach denen, die sich ihnen anbieten.

Eine Lösung kann also sein, attraktive, emotionale, sinnstiftende Zukunftserzählungen zu entwickeln, die Menschen begeistern können und ihnen eine Perspektive für ihr Leben bietet. Ein paar Prozente mehr Rente reichen da nicht als Angebot. Storytelling, das Anbieten und Entwerfen von Geschichten, die integrieren und ein gemeinsames Sinnangebot liefern, könnte man zumindest einmal ausprobieren.

Zehn Postulate für ein verantwortungsvolles politisches Storytelling

Letztlich haben wir uns bei der Erörterung, was man als Wahrheit, Faktizität oder Zutreffen einer erzählten Geschichte bezeichnen könnte, mit ethischen Fragen des politischen Storytelling beschäftigt. Um in diesem Feld weiterzugehen, müssten wir auch auf die Werte zu sprechen kommen, die mit Geschichten vermittelt werden. Und natürlich gehört dazu auch der Gebrauch der in Kapitel 2 beschriebenen Mechaniken des politischen Storytelling:

»Wie wird was über wen erzählt?« ist natürlich auch eine Frage, die viel mit Werten, Wahrheit, Realität und deren Verdrehungen zu tun hat. Zusammenfassend finden Sie hier also noch zehn Postulate, die meiner Meinung nach zu einem verantwortungsvollen Umgang mit politischem Storytelling führen können.

(I) Hör zu, bevor du beginnst zu erzählen!

Ein guter ›Storyteller‹ kann nur werden, wer auch ein guter ›Storylistener‹ ist. Wer eine Geschichte erzählen möchte, die in der Bevölkerung Resonanz findet, sollte erst einmal die Geschichten der Menschen, die in diesem Land leben, kennen. Oder zumindest einige davon. Und vielleicht nicht nur solche, die medial vermittelt werden, sondern auch die, die in Kaffeepausen und an Stammtischen oder in einem Gespräch erzählt werden, in dem der Politiker oder der Aktivist einmal nicht auf Sendung ist, sondern nur zuhört. Sonst ist die Resonanz allenfalls reiner Zufall!

Das mag jetzt für manchen ein wenig nach Sonntagsrede klingen, nach Selbstverständlichem: Ja klar, wir alle sind der Meinung, dass man mehr zuhören muss, um zu wissen, was die Menschen bewegt. Aber kaum jemand tut es. Die meisten der sogenannten ›Bürgerdialoge‹ der Politiker sind im Grunde Veranstaltungen, in denen Politiker erklären, warum sie wissen, wo die Menschen der Schuh drückt.

Sehr viele Menschen sind überfordert, wenn sie nur zuhören sollen. Ich führe sehr oft ErzählRäume, Storylistening-Workshops und narrative Interview-Workshops durch und beobachte immer wieder: Die Menschen tun sich schwer mit dem Zuhören! Aber, auch diese Erfahrung mache ich dabei immer wieder: Man kann es lernen, indem man es einfach tut!

Politischen Strategen – gleichgültig ob aus Parteien oder gesellschaftlichen Bewegungen – empfehle ich nachdrücklich, mindestens das halbe Zeitbudget, das ihnen für eine Strategie zur Verfügung steht, für das Storylistening zu verwenden. Um Geschichten zu sammeln und darüber nachzudenken, was sich dahinter verbirgt. Dann weiß man, was die Menschen wirklich bewegt und kann mit der eigenen Kommunikation dort ansetzen.

(II) Erzähle keine exklusiven Geschichten!

Gemeint sind damit unter anderem die typischen Sündenbock-Geschichten, in denen bestimmten Gruppen die ›Schuld‹ an einer negativen Entwicklung, an negativen Zuständen zugeschrieben werden. Wir kennen solche Geschichten aus dem Rechtspopulismus: Migranten, Moslems, Eliten oder die Medien (›Lügenpresse‹) seien Schuld an irgendetwas. Neben diesen typischen Sündenbock-Geschichten gibt es auch versteckte exklusive Geschichten, wo die Sündenbock-Dynamik gewissermaßen über die Masse hergestellt wird: Es werden immer wieder zum Beispiel Geschichten erzählt, in denen eine Person mit Migrationshintergrund delinquent wird. Die Masse dieser Geschichten erzeugt dann die Botschaft: »Die sind alle so!«

Bei einer zweiten Art von exklusiven Geschichten stellt sich dagegen die Frage, wer *nicht* darin vorkommt. In seinem Gedicht *Fragen eines lesenden Arbeiters* setzt Bertolt Brecht den offiziellen historischen Geschichten die der ›Arbeiter‹ oder anderer nicht-privilegierter Gruppen gegenüber: »Der junge Alexander eroberte Indien. Er allein? Cäsar schlug die Gallier. Hatte er nicht wenigstens einen Koch dabei?« (BRECHT 1995: 656). In ähnlicher Weise kann man bei jedem Narrativ und bei jeder politischen Geschichte die Frage stellen, ob nicht auch die Geschichten anderer Gruppen erzählt werden sollten. In patriarchalischen Gesellschaften dominieren die Geschichten der Männer, nicht die der Frauen. In großen Unternehmen werden meist die Geschichten der ›einfachen‹

Mitarbeiter ausgegrenzt und nur die der Führungskräfte erzählt, ein Umstand, der für viele Probleme verantwortlich ist. Und in der katholischen Kirche wurden jahrzehntelang die Geschichten der missbrauchten Kinder unterschlagen, so lange, bis dies nicht mehr möglich war. Dieses Ausgrenzen von Geschichten unterprivilegierter Gruppen meint auch die nigerianische Schriftstellerin Chimamanda Adichie, wenn sie in ihrem schon erwähnten TED-Vortrag von *The danger of a single story* sagt: »The single story creates stereotypes, and the problem with stereotypes is not, that they are untrue, but that they are incomplete. They make one story become the only story.« Solche »single stories« werden zum Beispiel immer erzählt, wenn ethnische Stereotypen zum Tragen kommen: Wenn in Fernsehfilmen Italiener immer lebenslustig, Franzosen elegant und Spanier ›feurig‹ sein müssen.

Diese mögen wie liebenswerte Nationenklischees erscheinen, aber dass stereotype »single stories«, die über eine Gruppe erzählt werden, auch direkt zu einer Lebensgefahr für deren Mitglieder werden können, drang 2018 in Folge der ›Black Lifes Matter‹-Proteste auch bei uns ins Bewusstsein: Offenbar ist in der amerikanischen Gesellschaft das Narrativ über eine angebliche Gewaltbereitschaft von Afroamerikanern so dominant, dass Angehörige dieser Gruppe von (weißen) Polizisten sehr viel häufiger auf den bloßen Verdacht einer (oft nicht realen) Gefährdungssituation hin erschossen werden als Weiße. ›Black Lifes Matter‹ kann auch als der Versuch gewertet werden, den von den Weißen erzählten Geschichten eigene entgegenzusetzen.

(III) Erzähle aus verschiedenen Perspektiven und nicht nur aus einer scheinbar ›alternativlosen‹!

Während ich dies Anfang April 2020 schreibe, herrschen gerade noch Ausgangsbeschränkungen wegen der Corona-Krise. Es wird zurzeit diskutiert, ob das dominante Narrativ das der Virologen und Epidemiologen ist – man also das gesamte gesellschaftliche Leben der Bekämpfung der Ausbreitung des Virus unterordnen sollte – oder ob auch andere Narrative – solche der Wirtschaft, der Psychologie oder der Soziologie – berücksichtigt werden sollen. In einer akuten Krise macht es natürlich Sinn, eine Story, eine Perspektive zunächst in den Mittelpunkt zu stellen. Aber nicht zu lange. Denn ein realistisches Bild bekommt man erst, wenn man auch andere Geschichten mit einbezieht. Natürlich weiß ich im Moment noch nicht, wie die Corona-Geschichte weiter- oder ausgeht – die LeserInnen dieses Buches wissen vielleicht schon mehr.

Grundsätzlich ist die Absolutsetzung einer Geschichte oder eines Narrativs problematisch. Man kennt diesen Umgang mit Geschichten vor allem aus autoritär geführten Gesellschaften, wenn es eben nur eine Wahrheit geben darf und nur eine Herleitung des gegenwärtigen Zustands aus der Vergangenheit: Es war eben die glorreiche Revolution, die irgend ein geliebter Führer angeführt hat, und ausschließlich sie, die zum gegenwärtigen, natürlich verklärten Zustand geführt hat. Alle anderen Ereignisse und Personen, die auch das ihre beigetragen haben, und mit ihnen die dazugehörigen Geschichten, werden ausgeblendet. Doch auch in demokratischen Gesellschaften existieren solche Dominantsetzungen, wenn auch nicht in der Absolutheit von autoritären Gesellschaften. So war und ist das Narrativ von der ›Wiedervereinigung‹ als positive Geschichte ein solches dominantes Narrativ, gegen das es Geschichten, die dieses Ereignis anders bewerten, schwer haben. Häufig fällt es Zeitgenossen auch schwer, solche Dominantsetzungen tatsächlich zu erkennen, erscheint ihnen die dominante Geschichte doch als selbstverständliche Beschreibung der Welt. So galt wohl vielen Europäern in der Kolonialzeit das Narrativ von der ›Überlegenheit der weißen Rasse‹, die berufen sei, den ›Wilden‹ Kultur und den richtigen Glauben nahezubringen als die einzige zutreffende Beschreibung eines asymetrischen Verhältnisses zwischen Völkern, die es dazu auch noch schaffte, die Ausübung von Macht als Wohltat zu verbrämen.

Eine Variante der Dominantsetzung von Narrativen ist ihre Etikettierung als ›alternativlos‹. Dies bedeutet, dass alternative Geschichten nicht nur unterdrückt, sondern als völlig irrelevant klassifiziert werden. Häufig geht damit einher, dass der Status quo bzw. der Umgang mit einer Entwicklung zu einem bestimmten Zeitpunkt als einzig mögliche Variante gesetzt werden soll. Von Wirtschaftsvertretern hört man häufig, die Digitalisierung sei alternativlos und man habe sich an sie anzupassen. Natürlich wird es keinen Weg zurück in eine vor-digitale Zeit geben – das dürfte jedem klar sein. Doch mit dem Postulat der Alternativlosigkeit wird – gerade wenn zusätzlich eine ›Anpassung‹ gefordert wird – der derzeitige Umgang mit der Digitalisierung als normal bzw. unausweichlich gesetzt. Das Zukunfts-Narrativ ist damit ein ›Weiter so‹. Andere Zukunfts-Narrative, an deren Anfang nicht das technisch Machbare, sondern das gesellschaftlich Erwünschte stehen könnte, werden, wenn sie denn überhaupt konstruiert werden, marginalisiert.

In politischen Prozessen ist das Postulat der Alternativlosigkeit der strategische Versuch, die eigene politische Haltung als die einzig mögliche darzustellen. Dies ist fast immer – mit einigen wenigen Ausnahmen – falsch, denn zu den meisten Haltungen, Theorien, Meinungen und Anschauungen existieren durchaus diskutierenswerte Alternativen. Und nicht selten werden irgendwann zunächst marginalisierte Positionen nachträglich ins eigene Programm eingebaut, wie es etwa mit dem Thema des Umweltschutzes ging: In den 1970er- und 1980er-Jahren von den etablierten Parteien eher als das Hobby einiger Spinner abgetan, gibt es heute wohl keine ernstzunehmende Partei in Deutschland, die sich nicht den Umweltschutz auch auf die Fahnen geschrieben hat. Mit Hartnäckigkeit kann es also sehr wohl gelingen, marginalisierte Narrative in den ›Mainstream‹ einzubringen.

(IV) Erzähle die Geschichte so vollständig, wie es Dir möglich ist!

Dieses Gebot bedeutet, dass man in Geschichten und Narrativen, die man kommuniziert, nicht die Fakten verdrehen oder beschneiden sollte. Dies betrifft vor allem die Stellschrauben des Anfangs und des Endes (vgl. Kapitel 2). Verglichen mit der dort erwähnten Fotografie, die ein wunderschönes Ferienhotel zeigt, aber die Großbaustelle daneben nicht mit aufs Bild nimmt, würde dies bedeuten, die Baustelle in der Geschichte zumindest vorkommen zu lassen. Wenn ich über die Flüchtlingskrise 2015 erzähle, dann ist es wohl unredlich, die Geschichte mit Merkels Satz »Wir schaffen das!« beginnen zu lassen – Fakt ist ja, dass der Syrienkrieg der eigentliche Beginn dieser Geschichte ist.

Natürlich ist jede Wahl eines Ausschnitts aus dem ›Strom des Lebens‹ eine Konstruktion – aber man kann diese Wahl redlich oder polemisch in manipulativer Absicht treffen. Und dabei sollte einem immer bewusst sein, dass jede Kommunikation immer nur eine Annäherung an die Fakten sein kann (von einer ›Wahrheit‹ wollen wir ja gar nicht erst sprechen).

(V) Erzähle Geschichten so, dass sie für andere anschlussfähig sind!

Ihre Wirkung können Geschichten nur entfalten, wenn sie bei denen, für die sie gedacht sind, auch auf Resonanz stoßen. Gerade im politischen Storytelling bedeutet dies, dass die Geschichte Berührungspunkte zur Lebenswelt der Zielgruppe haben sollte. Diese

Anschlussfähigkeit kann dadurch erreicht werden, dass die Geschichten aus der Welt, die die Rezipienten kennen, stammen: Für Menschen, die in bäuerlichen Dörfern leben, muss das anders aussehen als für Großstadtbewohner. Polemisch kann die Anschlussfähigkeit natürlich auch hergestellt werden, indem Sündenbock-Geschichten über die jeweils andere Gruppe erzählt werden (»Die hippen Multikulti-Großstädter sind schuld.«), aber auch das ist eine Erzähltechnik, die Sie am besten den Populisten überlassen.

(VI) Erzähle deine Geschichten so ›wahr‹, wie es dir immer möglich ist!

Geschichten sind natürlich immer Konstruktionen. Allein einen Ausschnitt aus dem ›Fluss des Lebens‹ zu wählen, vermittelt ein bestimmtes Bild der Wirklichkeit. Aber es kursieren auch erfundene Geschichten, Lügengeschichten, verfälschte Geschichten, die intentional zur Diffamierung von Gruppen oder zu sonstigen politischen Zwecken erzählt werden. Diese Form der Fake Storys gab es schon immer. Ein zentraler Unterschied zu den jüngsten Auswüchsen der ›Fake News‹ und der ›Fake Storys‹ ist jedoch, dass die Lügengeschichten früher nur so lange Bestand hatten, wie sie zumindest den Schein der Wahrheit aufrechterhalten konnten.

Fake Storys können auf ganz unterschiedliche Weise konstruiert werden:

- Geschichten, die als ›wahr‹ erzählt werden, deren erzählte Ereignisse aber nicht stattgefunden haben.
- Geschichten, deren zugrundliegenden Ereignisse zwar stattgefunden haben, die aber verzerrt oder verfälscht werden (beispielsweise werden Figuren vertauscht, Motive, Anfang oder Ende anders erzählt als stattgefunden). So kann in

ausländerfeindlicher Absicht die Geschichte einer Vergewaltigung, die wirklich geschehen ist, mit einem Migranten als Vergewaltiger erzählt werden, obwohl es keiner war. Oder eine besondere ›Heldentat‹ wird einem Protagonisten des eigenen Lagers zugeschrieben, obwohl jemand anderes dafür verantwortlich war.

Eine weitere fragwürdige narrative Strategie kann eine Verächtlichmachung von Narrativen des politischen Gegners mit unlauteren Mitteln sein. Unlauter wären Mittel, die ein gegnerisches Narrativ nicht faktenbasiert angreifen, sondern nur scheinbare ›Widerlegungen‹ ins Feld führen, in der Absicht, das Narrativ zu desavouieren. Dabei kommen unterschiedliche Strategien zum Einsatz. Beliebt ist es beispielsweise, dunkle Flecken in der Biografie eines der Vertreter dieses Narrativs ›aufzudecken‹ und damit das gesamte Narrativ in Verruf zu bringen. Was immer man von der Klimaschutz-Bewegung ›Extinction Rebellion‹ halten mag – aber genau diese Strategie wurde gegen sie angewendet, als bekannt wurde, dass Roger Hallam, einer der Begründer der Bewegung, antisemitische Inhalte geäußert hatte. Natürlich ist dies unverzeihlich, diskreditiert jedoch nicht automatisch die ganze Bewegung, in der auch andere, nicht des Antisemitismus verdächtige Personen in der Führung sind.

(VII) Kommuniziere den Status deiner Geschichte mit!

Geschichten sind keine Fakten, aber Geschichten können – wenn es keine von vornherein fiktionalen Geschichten sind – Fakten enthalten. Aber welchen Status diese Fakten haben, ist zunächst unklar. Ist es beispielsweise ein Einzelfall, der aber so erzählt wird, als sei er typisch für die Gruppe?

Dass wir gerne Einzelfallgeschichten als ›symptomatisch‹ interpretieren, liegt auch daran, dass Geschichten ›modellbildend‹ sind, wie der russische Literaturwissenschaftler Jurij Lotman feststellt (LOTMAN 2015). Wir lesen das, was in Geschichten erzählt wird, als modellhaft für die Welt. Deshalb drohen Einzelfallgeschichten, vor allem wenn sie von Vertretern ohnehin schon benachteiligter Gruppen handeln, missverstanden zu werden. Gerade in solchen kritischen Fällen ist es wichtig den Status der Geschichte mitzuerzählen: »Was ich jetzt erzähle, ist ein Einzelfall!« Wenn die Geschichte in Gefahr ist, auf ein ohnehin Klischees bedienendes Meta-Narrativ einzuzahlen (»Migranten sind potenziell immer delinquent.«) sollte man sich überlegen, ob man es vertreten kann, die Geschichte überhaupt nicht zu erzählen.

Auch bezüglich der Herkunft einer Geschichte sollte der Status miterzählt werden: Habe ich das tatsächlich selbst erlebt? Habe ich sie aus einer sicheren Quelle? Oder hat mir das ›der Freund meiner Freundin‹ erzählt? Natürlich gilt dies auch, wenn es sich um eine fiktive Beispielgeschichte handelt.

(VIII) Bedenke bei deiner gesamten öffentlichen Kommunikation, welche Narrative sie bedient!

Diese Forderung schließt an das vorhergehende Gebot an. Bestimmte Wörter (›Frames‹) oder Aussagen und natürlich auch Geschichten können auf bestimmte Narrative einzahlen und diese verstärken – ähnlich wie in dem obigen Beispiel bezüglich der negativen Klischees über Migranten. Manchmal sind es einzelne Wörter, die alte Narrative wieder heraufbeschwören, Wörter wie zum Beispiel ›Umvolkung‹, das sofort an nationalsozialistische Narrative denken lässt. Dies gilt natürlich für alle politischen Richtungen: Nach der Finanzkrise wurden häufig in kapitalismuskritischer Absicht negative Geschichten über ›Banker‹ erzählt und damit eine bestimmte Gruppe polemisch negativ bewertet – es waren ja bestimmt nicht alle Banker schuld an der Finanzkrise.

(IX) Finde die richtige Balance zwischen strategischem und authentischem Erzählen!

Wenn eine Partei oder eine Gruppe strategisch etwas erreichen will, braucht sie auch eine narrative Strategie. Dies bedeutet kurz gesagt, dass man sich viele Gedanken über die eigene Geschichten-Welt machen sollte: Was ist eigentlich unsere Kern-Geschichte (Core Story)? Welche Geschichten und Narrative zahlen darauf ein? Wo sind die Anschlusspunkte für unterschiedliche Zielgruppen? Und welche Art von Geschichten wollen wir auf keinen Fall erzählen? Solche Fragen sind wichtig, bergen aber auch die Gefahr, dass diese Geschichtenwelt ein wenig gekünstelt und auf dem Reißbrett erdacht wirkt. Man weiß aus vielen Untersuchungen, dass authentische Geschichten, die der Erzähler wirklich erlebt oder beobachtet hat, am stärksten wirken. Man sollte also zwar strategisch denken, aber dennoch das authentische Erzählen nicht dabei vergessen. Ich denke, in der Regel funktioniert dies gut, wenn alle, die im Namen einer Partei oder Bewegung Geschichten erzählen, die Core Story verinnerlicht haben.

(X) Entwickle attraktive und glaubwürdige Zukunfts-Narrative!

Menschen wollen und brauchen eine Perspektive, sie wollen nicht nur, dass es ihnen materiell gut oder vielleicht sogar immer besser geht, sondern die meisten wollen auch an etwas Sinnvollem, Größerem beteiligt sein. Sie brauchen attraktive und glaubwürdige Zukunftsgeschichten: Narrative darüber, wohin wir uns als Gesellschaft entwickeln und wie wir die Zukunft gestalten wollen. Ich habe ziemlich ausführlich beschrieben, dass das Nicht-Anbieten – man könnte sogar vielleicht sagen die ›Verweigerung‹ – solcher attraktiver und glaubwürdiger Zukunfts-Narrative viele Menschen zu den simplen und rückwärtsgewandten Narrativen der Rechtspopulisten treibt. Dieses Gebots ist daher für alle Parteien und politischen Bewegungen zentral!

KAPITEL 5
NARRATIVE KOMPETENZ UND POLITISCHES HANDELN

Grundsätzlich brauchen wir in unserer Gesellschaft mehr narrative Kompetenz: Wir müssen akzeptieren, dass Geschichten und Narrative in gesellschaftlichen Diskursen und politischer Kommunikation eine wichtige, oft entscheidende Rolle spielen – und uns von dem ›aufklärerischen Aberglauben‹ (eine seltsame Wortkombination, wie ich zugebe) befreien, Politik könne ausschließlich mit Argumenten gemacht werden. Im letzten Akt dieser kleinen Reise durch das politische Storytelling möchte ich daher auf die praktischen Konsequenzen dessen, was in den vorhergehenden Kapiteln behandelt wurde, eingehen.

Was ich als die wesentlichen Merkmale einer narrativen Kompetenz im gesellschaftlich-politischen Kontext verstehe, habe ich unter dem zugegeben etwas polemischen Titel *Narrative Intelligenz und narrative Dummheit* zusammengetragen.

In einem zweiten Schritt gehe ich dann darauf ein, was meiner Meinung nach Handlungsmöglichkeiten für politisch oder gesellschaftlich aktive Menschen wären – man könnte vielleicht sagen: Es ist eine Art Werkzeugkoffer, der zu besserem politischem Storytelling – und Storylistening – führen kann.

Narrative Intelligenz und narrative Dummheit

Vor allem im politischen Bereich und dem der gesellschaftlichen Diskurse bewegen sich die meisten von uns wie in einem dunklen Raum, in dem wir nur schemenhaft sehen können: Da nehmen wir eine Geschichte wahr, dort ein Narrativ und reagieren sofort darauf. Und dies ist bei unserer eingeschränkten Wahrnehmung natürlich nicht sehr souverän. Manchmal habe ich den Eindruck, dass für nicht wenige Zeitgenossen die Bewegung in der Narratosphäre einer Fahrt mit der Geisterbahn gleicht: Eine Horrorgeschichte (über ›Flüchtlingsfluten‹) erschreckt sie fast zu Tode, aber nach der nächsten Kurve wartet schon das Gespenst der ›Islamisierung des Abendlandes‹ und macht ›Huhu‹, und ist man daran vorbei, fletscht eine globale Wirtschaftskrise ihre Zähne. Nimmt man all diese Monster für reale Gefahren – anstatt sie als Basteleien aus Plastik, Pappmaché und Kleber zu erkennen – ist es nur natürlich, dass man aus dieser Geisterbahn so schnell wie möglich raus will, um dann die Gespenster, die einen so furchtbar erschreckt haben, zu verbannen: Flüchtlinge raus, Islamisierung verhindern und Globalisierung abschaffen!

Narrative Dummheit bestünde in Analogie zur Geisterbahn dann darin, jede Geschichte, die mir irgendjemand erzählt oder die in der Öffentlichkeit herumschwirrt, für bare Münze zu nehmen. Und narrative Intelligenz bestünde darin, hinter die Baupläne der Geschichten und ihre Herkunft schauen zu können, andere Geschichten zu kennen und zu wissen, dass es in unserer Welt nicht nur die eine, ›wahre‹ Geschichte gibt, sondern unzählige Geschichten, die alle ein Zipfelchen Wahrheit enthalten – und es in einer demokratischen Gesellschaft wie der unseren darauf ankommt, diese unterschiedlichen Geschichten zu hören, um sich mit ihnen auseinandersetzen zu können. Um narrative Intelligenz entwickeln zu können, bräuchten wir mehr narrative Kompetenzen, die in Schulen, Hochschulen oder aber auch im täglichen Diskurs geschult werden könnten. Aber natürlich wären all die Betreiber politischer Geisterbahnen – von Trump über Boris Johnson bis hin zu Orban, Höcke, von Storch und Putin –, die ihre Klientel mit einfachen Monster-Geschichten zu ködern versuchen, wohl gegen ein solches Projekt.

Narrative Dummheit besteht in einer hochgradigen Abwesenheit narrativer Intelligenz. Als den Kern narrativer Dummheit könnte man ein Verhalten bezeichnen, das einzelne Geschichten verabsolutiert und sie als (einzig) wahre Beschreibung der Welt sieht. Wir erleben so etwas im Moment massiv im Kontext rechtspopulistischer Bewegungen – ich habe davon ja schon gesprochen. Narrative Dummheit sieht das Geschichten-Erzählen nicht als Gang durch das »Möglichkeitenland« (TONNINGER/BRÄU 2016), in dem viele Varianten existieren könnten, sondern schreibt einer einzelnen Geschichte, die zur eigenen Ideologie passt, allgemeine Beweiskraft zu: Ein Einzelfall wird zur ›Wahrheit‹ über einen Teil der Welt.

Narrativ dumm verhält sich, wer einzelne Geschichten für die einzige und allgemeine Wahrheit hält.

Eine zweite Ausprägung der narrativen Dummheit ist es, immer die einfachste Geschichte für die zutreffendste und beste zu halten. Wir haben ein Problem mit illegaler Immigration aus Mexiko? Dann bauen wir doch einfach eine riesige Mauer an der Grenze! Populisten wie Trump (und AfD und Pegida bei uns) wählen immer die (scheinbar) einfachste Geschichte und versuchen an die narrative Dummheit ihrer Anhänger anzudocken. In dieser Variante der narrativen Dummheit geht es um Lösungsgeschichten, die irgendetwas mit Ausgrenzen und Eliminieren zu tun haben: Wenn uns etwas stört, dann machen wir irgendetwas, das dieses Störende ausgrenzt. Bevölkerungsgruppen, Religionen (Islam), Kleidungsstücke (›Kopftuchmädchen‹) werden ausgegrenzt oder verboten.

Narrativ dumm verhält sich, wer immer die einfachste, und daher meist das Problem und seine Träger ausgrenzende, Lösungsgeschichte wählt.

Ein weiteres Anzeichen von narrativer Dummheit sind Sündenbock-Geschichten: Immer ist ein bestimmtes ›Monster‹, ein Unhold (Flüchtlinge, Minderheiten, Schwule, Banker, Grüne, Unternehmer, Moslems) für alle eigenen Probleme verantwortlich. Diese Art der narrativen Dummheit wird übrigens von Vertretern aller politischer Richtungen gepflegt: Auch am ›Niedergang der politischen Kultur‹ werden gerne pauschal ›die Rechten‹ verantwortlich gemacht (ich gebe zu, dass ich hier auch nicht ganz frei von dieser Dummheit bin). Letztlich ist auch die Sündenbock-Geschichte eine grobe Vereinfachung, die der Komplexität der Welt mit ihren multiplen Geschichten nicht gerecht wird.

Narrativ dumm handelt, wer für Probleme simplifizierende Sündenbock-Geschichten konstruiert.

Und schließlich kann man narrative Dummheit daran erkennen, dass immer nur erzählt und nie zugehört wird. Diese Variante ist in unserer Zeit, die durch Aufmerksamkeitsökonomie und sogenannte ›soziale Medien‹ geprägt ist, weit verbreitet: Jeder ist dauernd auf Sendung, jeder will seine Geschichte erzählen. Das leistet natürlich einer Haltung Vorschub, die die eigene Story als ›eigentliche‹ oder sogar absolute Wahrheit einstuft – und die vielen anderen Geschichten, die es dazu gibt, nicht sieht. Ein erster Schritt zur Entwicklung narrativer Intelligenz ist es daher, einfach Raum für das Zuhören zu schaffen, den Geschichten der Bürger, Bewohner, Stakeholder Platz zu geben und aus ihnen zu lernen. Und zu einfache Geschichten und solche, die keinen Raum öffnen, sondern ihn verengen, zu hinterfragen – im politischen Raum ebenso wie in Unternehmen.

Narrativ dumm handelt, wer ständig nur Storytelling betreibt und nicht mindestens die Hälfte seiner Kommunikationszeit auch dem Storylistening widmet.

Narrative Intelligenz bedeutet damit, den Geschichten anderer Menschen Interesse entgegenzubringen, ihnen zuzuhören, das in ihren Geschichten vermittelte Wissen zu erkennen und für sich selbst nutzbar zu machen. Ganz offenbar sind wir Menschen evolutionär darauf gepolt, Geschichten, die wir erzählt bekommen, zunächst als wahr in dem Sinne, dass eine wirkliche Erfahrung dahinter steht, zu betrachten. Wenn ein Urzeitjäger einem anderen erzählte, dass er in einem bestimmten Gebiet einen Säbelzahntiger gesehen habe, tat der Gesprächspartner wohl gut daran, ihm zu glauben und nicht in dieses Gebiet zu gehen. Zweifeln wird er an dieser Geschichte erst, wenn er entweder Fakten erfährt, die der Geschichte widersprechen (»Säbelzahntiger sind ausgestorben.«), er über Indizien verfügt, die ihn an der Glaubwürdigkeit des Erzählers zweifeln lassen (»Gwork hat schon viele Lügen verbreitet.«) oder der Erzähler durch bestimmte Zeichen seine Geschichte als fiktional markiert hat (»Es war einmal ein Säbelzahntiger ...«). Auch heute noch gehen wir auf diese Weise mit Geschichten und Erzählungen um: Wenn nicht Genremarkierungen (›Roman‹, ›Märchen‹, ›Satire‹ etc.) uns mitteilen, dass wir die Geschichte auf jeden Fall nicht wörtlich und eins zu eins als Abbildung der Realität verstehen sollen, werden wir ihr mit einem Vertrauensvorschuss begegnen. Wir gehen also zunächst davon aus, dass all das, was uns als »Wirklichkeitserzählungen« (KLEIN/MARTINEZ 2009) präsentiert wird, wahr ist, also den Fakten entspricht. Das ist einer der großen Vorteile unserer Fähigkeit des Geschichten-Erzählens: Unser Steinzeitjäger kann von den Erfahrungen seines Kollegen profitieren, er muss die Anwesenheit des Säbelzahntigers nicht selbst überprüfen – eine

Empirie, die ja auch schiefgehen könnte, wenn er dem Tiger aus Versehen auf den Schwanz tritt.

Narrativ intelligent zu handeln bedeutet, den Erfahrungen, Erlebnissen und Geschichten anderer Menschen zuzuhören und daraus Wissen zu gewinnen.

Auf der anderen Seite kann dieser Vertrauensvorschuss auch zum Problem werden – wenn die daraus resultierende ›Leichtgläubigkeit‹ ausgenutzt wird – entweder, indem uns jemand Lügengeschichten erzählt, oder indem er Einzelgeschichten als allgemeine Wahrheit verkauft (»In Freiburg hat ein Migrant letzte Woche eine Frau vergewaltigt. Daraus folgt: alle Migranten sind potenzielle Vergewaltiger.«). Gerade in fremdenfeindlichen und rechtspopulistischen Diskursen werden Einzelfallgeschichten (»Flüchtling hat gestohlen.«) mit der Absicht erzählt, dass aus ihr allgemeine ›Wahrheiten‹ abgeleitet werden (»Flüchtlinge stehlen alles, was nicht niet- und nagelfest ist.«).

Narrativ intelligent zu handeln bedeutet, aus Einzelfall-Geschichten nicht ›allgemeine Wahrheiten‹ abzuleiten.

Wird eine Lügengeschichte als Wahrheit präsentiert und fliegt dies auf, gibt es einen Skandal, wie im Falle des *Spiegel*-Journalisten Claas Relotius im Winter 2018, der im führenden Nachrichtenmagazin Deutschlands, in Details oder gänzlich gefälschte Reportagen veröffentlicht hatte. Es gab damals einige Stimmen, die dem Erzählen an sich die Schuld gaben: Der Trend zum Storytelling im Journalismus verführe Autoren dazu, ihre Geschichten ausschließlich auf dramaturgische Effekte hin zu schreiben. Dabei wurde allerdings das Kind mit dem Bade ausgeschüttet: Ähnliche Fälschungen wären auch in einem rein deskriptiven journalistischen Format möglich gewesen. Ein zweites Problem allerdings ist, dass ›Erzählen‹ gleichgesetzt wird mit einem effektvollen, auf Spannung, Überraschung und Handlungsreichtum fokussierten Erzählen, wie es vor allem im Mainstream-Kino und in der Trivial- bzw. Schema-Literatur verwendet wird. Geschichten können aber ganz unterschiedlich erzählt werden: Man muss nur durch die Weltliteratur blättern, um über die Vielfalt zu staunen, die die Menschheit auf diesem Gebiet entwickelt hat. Und ein Journalismus, der sich allein auf den derzeit beliebten Hollywood-Blockbuster-Erzählstil kapriziert, verführt Autoren dazu, dramaturgische Effekte zu er-finden, wenn man sie nicht vorfindet.

Narrativ intelligent zu handeln bedeutet, zu wissen, dass man ein- und dieselbe Geschichte auf viele verschiedene Arten erzählen kann. Und dass diese verschiedenen Erzählweisen etwas mit der Geschichte machen: Bedeutungen und Bedeutungsnuancen verschieben sich.

Und schließlich bedeutet narrative Intelligenz, die Stellschrauben zu kennen, an denen Geschichten verändert werden können. Um erkennen zu können, wenn jemand (ein anderes politisches Lager, ein journalistischer Beitrag) eine Geschichte ›dreht‹ und zu einer anderen Geschichte macht. All diese Stellschrauben (vgl. Kapitel 2) verändern Geschichten nicht dadurch, dass sie neue Ereignisse oder ›Fake News‹ erfinden bzw. hinzufügen, sondern indem sie zum Beispiel andere Ausschnitte aus dem ›Strom der Ereignisse‹ wählen. Die Geschichten, die aus dem Drehen der Stellschrauben entstehen, sind also nicht notwendig ›Lügengeschichten‹ (was die dahinterliegenden Fakten betrifft), sondern allenfalls ›Verdrehungen‹ (wenn man es negativ sehen will) oder ›Richtigstellungen‹ (bei einer positiven Perspektive). Man kann – wie schon gesagt – dies mit dem Ausschnitt vergleichen, den ein Fotograf oder ein Bildredakteur wählt. Stellt ein Foto etwa das schöne Strandhotel dar, nicht aber die Großbaustelle daneben und wird dieses Foto in einem Reiseprospekt veröffentlicht, könnte man die Wahl des Ausschnitts durchaus als ›Verdrehung‹ interpretieren – spielt die Existenz der Großbaustelle für die Entscheidung von Urlaubern doch wahrscheinlich eine große Rolle. Soll die Fotografie jedoch dem greisen Gründer des Hotels zu seinem Geburtstag geschenkt werden, dann spielt die Großbaustelle eher keine Rolle – und man könnte es in diesem Kontext als ›Richtigstellung‹ interpretieren, dass die temporäre Beeinträchtigung der Idylle durch die Großbaustelle weggelassen wird. Würden jedoch in einem Bildbearbeitungsprogramm nicht existierende Balkone an der Fassade hinzugefügt, wäre dies in beiden Fällen ein ›Fake‹ und damit eine Lüge.

Narrativ intelligent zu handeln bedeutet, die Stellschrauben zu kennen, an denen in Geschichten ›gedreht‹ wird, um den Status einer Geschichte einschätzen zu können.

Letztlich kommt es im politisch-gesellschaftlichen Raum darauf an, mit wem oder was man mit den Geschichten, die man erzählt, den Narrativen, die man füttert, in Resonanz geht. Politische Geisterbahnbetreiber suchen ihren Resonanzboden bei denen, die gerne Sündenbock-Geschichten, einfache Wahrheiten, Geschichten über schnelle Problemlösungen etc. hören. Damit kann man natürlich schnelle und billige Erfolge erzielen. Deshalb ist diese Art des politischen Storytelling bei allen Fundamentalisten beliebt, seien dies nun radikale Tierschützer, radikale Christen, radikale Antiimperialisten oder was es sonst noch für Gruppen gibt, die ihre einmal gefundene einfache Wahrheit mit Zähnen und Klauen verteidigen.

Sich im politischen Raum narrativ intelligent zu verhalten ist dagegen sehr viel aufwendiger und anstrengender, denn man muss in Resonanz zu vielfältigen und unterschiedlichen gesellschaftlichen Strömungen gehen und die eigenen Narrative so bauen, dass unterschiedliche Menschen ihre Rolle darin finden, ohne dass andere ausgegrenzt werden. Daraus folgt die naturgemäß schwierige Aufgabe, komplexe Narrative anschlussfähig zu erzählen.

Kleiner Werkzeugkoffer für narrative politische Arbeit

Der folgende Werkzeugkoffer enthält Ideen für politisch Aktive – ob in Parteien, in politischen Bewegungen oder im bürgerschaftlichen Engagement –, die sich in Kontexten, in denen ich gearbeitet habe, bewährt haben.

Storylistening: ErzählRäume ermöglichen

Wer gut erzählen oder Narrative gestalten können will, muss erst einmal ein guter Zuhörer sein. Um gesellschaftlich mit eigenen Geschichten und Narrativen Resonanz erzeugen zu können, sollte man die Geschichten kennen, die andere über ihre Erfahrungen erzählen. Um diese Geschichten kennenzulernen, muss man bewusst Räume schaffen, in denen erzählt werden kann und man muss lernen, zuzuhören. Das bedeutet – was vermutlich für viele Politiker eine eher neue Erfahrung ist –, dass man vom Senden aufs Hören umschaltet, ohne gleich das nächste ›Ja, aber‹ parat zu haben. Und wer sagt, dafür habe er keine Zeit, der wird auf Dauer – abseits von Zufallstreffern – niemals ein erfolgreicher Storyteller werden.

Eine Methode, wie man solche Situationen des Erzählens und vor allem Zuhörens schaffen kann, ist die des »ErzählRaums«, die ich gemeinsam mit der Stiftung Geißstraße in Stuttgart und der Hochschule Nürtingen entwickelt und viele Male durchgeführt habe.[8]

Bei einem ErzählRaum geht es darum, Menschen die Möglichkeit zu geben, ihre Erfahrungsgeschichten zu teilen und den Erfahrungen anderer zuzuhören – ohne sofort in einen Austausch von Meinungen, Haltungen, Argumenten zu kommen. Kurz gesagt bedeutet dies: Menschen treffen sich, erzählen, hören zu und gehen wieder auseinander. Das klingt schlicht und in einer Gesellschaft, in der wir immer sofort möglichst effizient Lösungen und Ergebnisse haben wollen, wie verschwendete Zeit. Ich arbeite mit ähnlichen Methoden seit vielen Jahren in Unternehmen und man kann sich gut vorstellen, dass ich solche Einwände häufig zu hören bekomme. Es ist einfach zu ungewöhnlich, einmal nicht ergebnisorientiert zu arbeiten. Nach einem solchen Erzählworkshop sind aber meist alle Teilnehmer begeistert darüber, wie viel sie an Verständnis, an neuen Einsichten gewonnen haben. Nur ein Beispiel aus der Unternehmenspraxis: In einem großen Unternehmen gab es auf der Ebene des mittleren Managements starke Animositäten zwischen den ›Kaufleuten‹ (Managern mit betriebswirtschaftlichem Hintergrund) und den ›Technikern‹ (solchen mit Ingenieursstudium). Es kursierten zahlreiche Zuschreibungen über die jeweils andere Gruppe, die nicht freundlich waren, aber das Verhalten der Einzelnen stark bestimmten. Nach einer Erzählrunde aus Vertretern beider Gruppen, in denen sie einfach ein typisches Erlebnis aus ihrem Arbeitsalltag der letzten Monate erzählen sollten, gab es zahlreiche Aha-Erlebnisse: »Ach, das steckt bei euch dahinter!«, »So tickt ihr!«, »Darum macht ihr dies so!« etc. Allein das gegenseitige Zuhören hatte also zu einem tiefgreifenden neuen Verständnis der jeweils anderen Gruppe geführt. Man musste dann gar nicht mehr groß darüber sprechen – die Kooperation verbesserte sich wie von selbst.

In ähnlicher Weise kann auch im politischen bzw. gesellschaftlichen Raum durch ErzählRäume Verständnis zwischen (Interessen-)Gruppen herbeigeführt werden. Zum Beispiel in einem Problemviertel, wenn Vertreter unterschiedlicher Gruppen von Bewohnern und Gewerbetreibenden ihre Erfahrungen austauschen. Mit ErzählRäumen können auch Bürgerbeteiligungs-Projekte begonnen werden. Oder man veranstaltet einen ErzählRaum, um die Erfahrungen von Menschen kennenzulernen – und damit besser zu verstehen, was sie bewegt, um dann das eigene politische Handeln und Kommunizieren darauf abzustimmen.

Ich möchte hier nicht in die Tiefen empirischer Befragungen einsteigen, sondern nur so viel festhalten: Durch reine Befragungen bekommt man kaum oder keinen Einblick in die wirklichen Erfahrungen von Menschen.[9]

Wir haben unsere ErzählRäume in der im folgenden beschriebenen Weise durchgeführt. Aber natürlich kann das Modell jederzeit abgewandelt und den eigenen Bedürfnissen angepasst werden. Wichtig ist, dass das Schwergewicht auf dem Erzählen und Zuhören liegt und nicht auf dem Diskutieren, Argumentieren und Ergebnisse ausarbeiten. Zumindest in der Erzählphase sollte nicht diskutiert werden. Nach Ablauf aller drei Erzählrunden kann natürlich in einer Auswertungsphase dann über die Konsequenzen aus dem Gehörten diskutiert werden.

Ablauf ErzählRaum

Es gibt 3 Tischgruppen. Die Teilnehmenden verteilen sich auf die 3 Stationstische (max. 8 Teilnehmende pro Tisch zzgl. 1 ModeratorIn und 1 ProtokollantIn pro Gruppe).

In der jeweiligen Tischgruppe erzählt jeder Teilnehmer ein Erlebnis, das mit dem Veranstaltungsthema zu tun hat. Die Geschichten werden der Reihe nach erzählt, ohne dass zwischendurch über sie diskutiert wird. Nach jeweils 30 Minuten werden die Tische gewechselt. Um ein erzählenswertes Erlebnis zu finden, unterhält man sich zu Beginn für 5 Minuten in Zweier-Gruppen. Jeder der 3 Tische hat einen thematischen Schwerpunkt (im folgenden Beispielthemen aus einem ErzählRaum, den wir in Stuttgart veranstaltet haben):

Tisch 1: Vergangenheit: Erzählen Sie ein Erlebnis oder eine Erfahrung aus Ihrem Leben, das Ihnen Mut für die Zukunft macht oder Sie zweifeln lässt, ob wir auf dem richtigen Weg sind.
Tisch 2: Gegenwart: Erzählen Sie ein erst kürzlich stattgefundenes Erlebnis, das Ihnen das Gefühl gibt, dass sich gerade etwas verändert – im Positiven wie im Negativen.
Tisch 3: Zukunft: Erzählen Sie ein (fiktives) Erlebnis, das Sie in naher oder ferner Zukunft gerne erleben würden.

An jedem Tisch bittet die Moderatorin die Erzähler, einen Titel für die Geschichte zu überlegen. Dieser Titel wird dann entweder auf die den Tisch bedeckende Papiertischdecke geschrieben oder auf Karten, die dann ebenfalls auf dem Tisch liegen bleiben.

Sind alle Geschichten erzählt, kann man entweder auseinandergehen und das Gehörte wirken lassen oder eine Auswertungsrunde durchführen – z.B. mit der Frage, welche Handlungen sich aus dem Gehörten ergeben.

Noch mehr Storylistening: Den narrativen Humus erforschen

Politische Geschichten und Narrative können nur dann Wirkung entfalten, wenn sie, ihre Erzähler und ihre Rezipienten einen Resonanzraum bilden – wenn ein Narrativ also auf Resonanz in der Gesellschaft, bei den Bürgern bzw. den Wählern trifft. Resonanz hängt von vielerlei Faktoren ab, von denen die meisten nicht planbar sind. Ein politisches Narrativ kann man ebenso wenig in seiner Wirkung berechnen, wie es eine Bestseller-Formel oder ein garantiertes Rezept für einen Kino-Blockbuster gibt (außer, man produziert gerade die 5. Fortsetzung einer Superhelden-Reihe). Niemand, der im August 2018 eine junge Frau mit einem Pappschild vor dem schwedischen Parlament sitzen sah, hätte wohl gedacht, welche Kraft und Wirkung Fridays for Future entwickeln würde.

Dennoch können Parteien oder Bewegungen, die mit politischen Geschichten Menschen erreichen wollen, etwas tun, um besser einschätzen zu können, welche Geschichten und Narrative ihre Zielgruppen eigentlich bewegen. Und nein: Sie wissen dies nicht, auch wenn Sie es glauben! Wir alle stecken meist in einer ›Story-Bubble‹ fest, in der wir immer die gleichen Geschichten wahrnehmen und ›ganz andere‹ nur registrieren, wenn sie in unsere Bubble eindringen. Manchmal sind diese Bubbles völlig voneinander getrennt und wenn sie sich dann plötzlich einmal überlappen, kommt es zu zahlreichen Missverständnissen und Verwunderungen. Eine Story-Bubble, von der die meisten über 30 kaum etwas ahnen, ist zum Beispiel die überaus reiche Geschichtenwelt, die von sogenannten ›Influencern‹ in den sozialen Medien gebaut wird. Die Grenze zwischen den Bubbles wurde zum Beispiel überschritten, als Rezos Video *Die Zerstörung der CDU* im Mai 2019 in den Mainstream-Medien bekannt wurde. Die CDU reagierte hektisch und verwechselte die Story mit dem Medium: Man meinte offenbar, es genüge, einen 27-jährigen Krawattenträger (Philipp Amthor) ebenfalls ein YouTube-Video machen zu lassen, und alles werde gut. Aber das Problem, warum Rezo bei seiner Zielgruppe gut ankam und Amthor eher nicht, lag nicht am Medium, sondern an den Narrativen, die hinter den jeweiligen Inhalten steckten. Einfach nur die Medien zu wechseln und vielleicht noch ein bisschen vermeintliche Jugendsprache dareinzumengen, reicht eben einfach nicht.

Was also kann man tun, um bessere Narrative zu entwickeln, die auf Resonanz in der Gesellschaft stoßen? Natürlich kann man Geschichten entwickeln, die an die niederen Instinkte oder die

Ängste appellieren und tief in die Kiste massenpsychologischer Tricks greifen. Aber wir nehmen einmal an, das wollen wir lieber den Populisten überlassen. Dann bleibt uns nur die Auseinandersetzung mit den Narrativen und Geschichten, die in der Gesellschaft kursieren und möglicherweise auf Resonanz stoßen. Das Problem ist, dass diese Narrative – vor allem, wenn sie erst am Entstehen sind, nicht an der Oberfläche der gesellschaftlichen oder medialen Kommunikation sichtbar sind. Man muss also ein wenig im Humus des politischen Storytelling graben. Neben dem ErzählRaum eignen sich dazu folgende Werkzeuge:

Narratives Interview

Narrative Interviews unterscheiden sich von klassischen Interviews dadurch, dass keine Fragen gestellt und Antworten erwartet werden, sondern dass der Interviewer Erzählimpulse setzt und der oder die Interviewte Geschichten erzählt. Dabei kann man umso mehr entdecken, umso weniger inhaltliche Vorgaben man macht: Setzt man als Erzählimpuls »Erzählen Sie doch einmal ein Erlebnis, wo sie mit Rassismus konfrontiert waren.«, dann hat man das Thema ›Rassismus‹ und damit ein Framing und eine Bewertung vorgegeben. Setzt man ihn dagegen mit »Erzählen Sie doch ein Erlebnis, das Sie im Zusammenhang mit ausländischen Mitbürgern hatten.«, ist die Kommunikation offener und man wird in der dabei entstehenden Erzählung versteckten Rassismus eher entdecken, als wenn die Erzähler sich von vornherein gegen einen Begriff mit eindeutig negativem Framing wehren müssen. Grundsätzlich ist diese Offenheit der große Vorteil gegenüber Befragungen: Denn Fragen enthalten immer schon ein Konzept, ein Framing, eine Bewertung und damit eine Verzerrung der Ergebnisse – in der empirischen Sozialforschung sind diese Verzerrungen bekannt und gefürchtet. Deshalb ein Tipp für Parteien und Organisationen: Führen Sie doch ihre nächste empirische Untersuchung (Wählerbefragungen, Mitgliederbefragungen etc.) mit narrativen Interviews durch. Sie werden überrascht sein, wie viele überraschende und tiefergehende Ergebnisse Sie damit erzielen.

Wenn Sie sich genauer mit der Durchführung und Auswertung von narrativen Interviews beschäftigen möchten, empfehle ich Ihnen das Buch *Narrative Medienforschung* (MÜLLER/GRIMM 2016), an dem ich mitgeschrieben habe.

Storylistening by walking around

Mit einer ähnlichen Haltung wie sie der Interviewer beim narrativen Interview haben sollte, kann man auch im Alltag arbeiten: Indem man den Menschen, denen man in Kaffeepausen, beim Einkaufen, im Zug oder im Flugzeug begegnet, mit der Haltung eines Storylisteners Interesse für dessen Geschichten entgegenbringt. Jeder der sich selbst schon einmal in solchen Alltagsgesprächen beobachtet hat, wird zugeben, dass wir die meiste Zeit im Sendemodus sind: Wir wollen unsere Meinung, unsere Argumente, unsere Geschichten loswerden und wir warten ungeduldig darauf, dass der andere mit seiner Geschichte endlich fertig wird. Versuchen Sie einfach einmal, sich in eine andere Haltung zu bringen, sich für die Geschichten des oder der anderen zu interessieren und das eigene Mitteilungsbedürfnis zu unterdrücken. Sie werden – wenn Sie nicht gerade das Pech haben, einem egomanischen Selbstdarsteller gegenüber zu sitzen – ganz neue Welten entdecken! Diese Welten sind nicht immer schön. Aber auch wenn in den Geschichten des anderen mehr und mehr zum Beispiel eine politisch äußerst rechte Haltung erkennbar werden sollte, halten Sie sich mit Ihren Argumenten erst einmal zurück, versuchen Sie die ganze Geschichte zu hören und denken Sie darüber nach (vielleicht mithilfe der Stellschrauben aus Kapitel 2) welche Narrative, welche Weltsichten und auch welche Bedürfnisse zwischen den Zeilen dieser Geschichten sichtbar werden. Sie werden auf dieser Basis ihren Gesprächspartner nicht umstimmen oder ›bekehren‹ können, aber Sie lernen daraus für Ihr eigenes politisches Storytelling bzw. das Ihrer Partei oder Organisation. Denn wenn man die Narrative ›der anderen‹ besser versteht, kann man mit den eigenen Geschichten, den eigenen Narrativen darauf reagieren – nicht im Sinne von direkten Counter-Storys, das funktioniert nicht, wie wir ja schon besprochen haben. Aber mit neuen Geschichten, in denen auch die (vielleicht den Einzelnen gar nicht bewussten) Bedürfnisse dieser anderen aufgehoben sind. Drehbuchautoren wird immer geraten, bei ihrer Hauptfigur darüber nachzudenken, »was sie will« (»what he/she wants«) und »was sie braucht« (»what she/he needs«). Was sie will, ist offenkundig: vielleicht reich werden, einen Schatz finden oder Präsident werden. Aber oft erkennt diese Hauptfigur im Laufe der Geschichte dann, was sie wirklich braucht. Vielleicht ist es einfach Anerkennung. Oder Liebe. Oder das Gefühl der Zugehörigkeit. Und das ist es, was wir durch Storylistening entdecken können: Was die Menschen brauchen. Ein Rechter *will* vielleicht, dass alle Migranten rausgeworfen werden. Aber was für ein Bedürfnis, was für ein ›need‹ steckt dahinter? Und was, wenn wir ein Narrativ anzubieten hätten, das dieses Bedürfnis ganz anders als in den xenophoben Narrativen befriedigt?

Damit kein falscher Eindruck entsteht: Ich will hier nicht einem ›Nazi-Verstehertum‹ das Wort reden, und glaube auch nicht, dass man ›Rechte‹ auf die Couch legen und kurieren kann. Aber ich glaube, dass viele Menschen – sei es aus Bequemlichkeit oder aus Denkfaulheit – gerne die einfachste Geschichte wählen, in der sie ihren ›want‹ aufgehoben finden. Die Idee wäre, einmal nicht an der Oberfläche politischer Diskurse anzusetzen, sondern in die Tiefe der Meta-Narrative zu tauchen und so Geschichten bauen zu können, die mehr Menschen mitnehmen.

Storylistening ist die unabdingbare Voraussetzung für erfolgreiches politisches Storytelling.

Gemeinschaftsbildende Zukunfts-Narrative entwickeln

Im Zusammenhang mit den Zukunftserzählungen (vgl. Kapitel 1) habe ich schon auf der Basis der Erkenntnisse der Politologen Krastev und Holmes (2019) erwähnt, dass die Wende mit dem vermeintlichen ›Sieg‹ des westlichen Wirtschafts- und Demokratiemodells eine Lücke bezüglich Visionen und Zukunfts-Narrativen aufgetan hat. Man sprach oder dachte mit Fukuyama vom »Ende der Geschichte« (FUKUYAMA 1992), der ideale Zustand schien erreicht, man musste also gar keine großen Zukunftsvisionen mehr entwickeln, sondern konnte einfach so weiterwerkeln.

Das Dumme daran ist nur, dass Menschen Sinnerzählungen benötigen – und zwar nicht nur auf privater Ebene, sondern auch auf gesellschaftlicher. Sie möchten an Geschichten mitdenken, die in die Zukunft projizieren, was wir gemeinsam noch erreichen wollen, wie wir besser leben und unsere Gesellschaft organisieren wollen. Verweigern die meisten politischen Parteien und Bewegungen solch ein sinnstiftendes Zukunfts-Narrativ, suchen die Menschen woanders und finden die Narrative der Rechtspopulisten und Rechtsradikalen, die letztlich keine Zukunfts-Narrative sind, sondern schön gefärbte Vergangenheits-Narrative: In Zukunft soll es so schön und einfach sein, wie es auch in der Vergangenheit zwar nie war, man es sich aber schön erzählt.

Die Verweigerung der etablierten politischen Kräfte, attraktive Zukunfts-Narrative zu entwickeln, hat dem Rechtspopulismus die Türen geöffnet.

Im Umkehrschluss bedeutet dies:

Um in einem lebendigen demokratischen Diskurs dem Rechtspopulismus Einhalt zu gebieten, müssen alternative und attraktive Zukunfts-Narrative entwickelt und angeboten werden.

Ich bin davon überzeugt, dass die Entwicklung nicht rückwärtsgewandter, nicht xenophober und inklusiver statt exklusiver Zukunfts-Narrative tatsächlich der Königsweg der Auseinandersetzung mit dem Rechtspopulismus ist. Eine Auseinandersetzung um die Ecke natürlich, aber nur eine solche scheint zu funktionieren – jeder, der sich schon einmal argumentativ mit Rechtspopulisten auseinanderzusetzen versucht hat, wird dies bestätigen. Natürlich gewinnt man dadurch keinen Höcke oder andere Chefideologen dieser Bewegung zurück, aber vielleicht – wenn man es gut macht – mittelfristig all diejenigen, die Rechtspopulisten aus gefühltem Mangel an Alternativen wählen.

Ich denke, wichtig ist dabei, dass diese attraktiven Zukunfts-Narrative *Pro-Geschichten* und keine reinen *Contra-Geschichten* sind. Wir haben gesehen, dass Contra-Geschichten in der Regel nur kurzfristig motivieren, während Pro-Geschichten (bzw. Narrative mit einem großen Pro-Anteil) stärkere und langfristigere Wirkungen entfalten können.

Wie bereits in Kapitel 1 erwähnt, sehe ich weder bei den politischen Parteien in Deutschland noch bei aktuellen politischen Bewegungen diese Pro-Zukunfts-Narrative. Wenn, dann vertreten sie Contra-Narrative, viele von ihnen vom Typus der Anpassungsgeschichte: Wir müssen uns an die Globalisierung, die Digitalisierung, dem Markt etc. anpassen, sonst gehen wir unter. Andere, wie Fridays for Future oder die Grünen, operieren eher mit Contra-Geschichten vom Monster-Typus. Nicht von ungefähr haben sich die Grünen damit eine Zeit lang den Ruf einer Verbots-Partei eingehandelt. Wirklich auf Dauer attraktiv und mitreißend wirken jedoch nur Pro-Geschichten – die es allerdings in der deutschen Politik noch zu entwickeln gilt. Ich denke, das wäre die dringlichste Aufgabe einer narrativen politischen Arbeit.

ANMERKUNGEN

1 https://taz.de/Der-Fall-Claas-Relotius-und-Journalismus/!5557396/ [03.02.2020]

2 https://www.linkedin.com/pulse/jetzt-ist-aber-schluss-mit-storytelling-oder-petra-sammer/ [03.02.2020]

3 Vgl. https://www.youtube.com/watch?v=BloKPaLPL7g [10.02.2020]

4 Abrufbar unter: https://www.ted.com/talks/chimamanda_ngozi_adichie_the_danger_of_a_single_story#t-1109986 [20.07.2020]

5 Diese Idee entstand bei der Diskussion während des Seminars »Storytelling in Führung und Sinnkommunikation« im November 2019 in Stuttgart. Vielen Dank allen Teilnehmern und meiner Co-Dozentin Christine Erlach.

6 Diese Veränderung des Anfangs eines Narrativs ist gewissermaßen die narrative Form des 3. Axioms der Kommunikation nach Paul Watzlawick: »Die Natur einer Beziehung ist durch die Interpunktion der Kommunikationsabläufe seitens der Partner bedingt.« (WATZLAWICK, P.; BEAVIN, J.H.; JACKSON, D.D. (2000): *Menschliche Kommunikation. Formen, Störungen, Paradoxien*. Göttingen: Hogrefe, S. 65ff.). Mit »Interpunktion« meint Watzlawick, wie die Kommunikationspartner den Beginn einer Ereigniskette evtl. unterschiedlich definieren (z.B.: Sie: Weil er immer nörgelt, gehe ich so oft weg. Er: Weil sie immer weg geht, nörgle ich.).

7 vgl. https://digitaldialog21.de [20.07.2020]

8 Einen Bericht zum Piloten dieser Veranstaltungsform finden Sie hier: https://www.narratives-management.de/erzaehl-mir-die-gesellschaft/

9 Wer sich für den Unterschied zwischen Befragen und Erzählenlassen näher interessiert, dem sei Müller/Grimm 2016 empfohlen.

LITERATUR

ABELS, HEINZ: *Identität*. Wiesbaden [vs Verlag für Sozialwissenschaften] 2010

ARISTOTELES: *Poetik. Griechisch/Deutsch*. Stuttgart [Reclam] 1982

BECKERT, JENS: *Imagined Futures. Fictional expectations and capitalist dynamics*. Cambridge, London [Harvard University Press] 2016

BERGER, PETER L.; LUCKMANN, THOMAS: *Die gesellschaftliche Konstruktion der Wirklichkeit. Eine Theorie der Wissenssoziologie*. Frankfurt/M. [Fischer] 1980

BRECHT, BERTOLT: *Die Gedichte von Bertolt Brecht in einem Band* (8. Auflage). Frankfurt/M. [Suhrkamp] 1995

BRUNER, JEROME: *Actual Minds, Possible Worlds*. Cambridge, London [Harvard University Press] 1986

BRUNER, JEROME: *Sinn, Kultur und Ich-Identität. Zur Kulturpsychologie des Sinns*. Heidelberg [Carl Auer] 1997

ERLACH, CHRISTINE; MÜLLER, MICHAEL: *Narrative Organisationen. Wie die Arbeit mit Geschichten Unternehmen zukunftsfähig macht*. Wiesbaden [Springer Gabler] 2020

FLÜGGE, ERIK: *Deutschland, du bist mir fremd geworden. Das Land verändert sich – und wir uns mit?* München [Kösel] 2018

FOUCAULT, MICHEL: *Überwachen und Strafen. Die Geburt des Gefängnisses*. Frankfurt/M. [Suhrkamp] 1994

FRANZEN, JONATHAN: *Wann hören wir endlich auf, uns etwas vorzumachen? Gestehen wir ein, dass wir die Klimakatastrophe nicht verhindern können*. Hamburg [Rowohlt] 2020

FUKUYAMA, FRANCIS: *Das Ende der Geschichte. Wo stehen wir?* Hamburg [Kindler] 1992

GABRIEL, MARKUS: *Warum es die Welt nicht gibt*. Berlin [Ullstein] 2013

GADINGER, FRANK; JARZEBSKI, SEBASTIAN; YILDIZ, TAYLAN: Politische Narrative. Konturen einer politikwissenschaftlichen Erzähltheorie. In: GADINGER, FRANK; JARZEBSKI, SEBASTIAN; YILDIZ, TAYLAN (Hrsg.): *Politische Narrative. Konzepte – Analysen – Forschungspraxis*. Wiesbaden [Springer VS] 2014, S. 3-38

GOTTSCHALL, JONATHAN: *The Storytelling Animal. How Stories Make us Human*. Boston, New York [Mariner Books] 2012

GRAF, OSKAR MARIA: *Wir sind Gefangene. Ein Bekenntnis*. München [dtv] 1982

GRAF, OSKAR MARIA: *Gelächter von außen. Aus meinem Leben 1918-1933*. München [dtv] 1983

GREIMAS, AGIRDAS J.: *Strukturale Semantik*. Braunschweig [Vieweg] 1971

GRIMM, PETRA; KEBER, TOBIAS; ZÖLLNER, OLIVER (Hrsg.): *Digitale Ethik. Leben in vernetzten Welten*. Stuttgart [Reclam] 2019

HAAF, MEREDITH: Schau genau. Seit wann ist die Wahrheit eigentlich etwas, das in mehreren Varianten existiert? Über die sinkende Bereitschaft, Tatsachen noch von Meinungen zu unterscheiden. In: *Süddeutsche Zeitung*, 25./26.01.2020, S. 55

HARARI, YUVAL NOAH: *Eine kurze Geschichte der Menschheit*. München [DVA] 2013

KEUPP, HEINER et al.: *Identitätskonstruktionen. Das Patchwork der Identitäten in der Spätmoderne* (4. Auflage). Reinbek b. Hamburg [Rowohlt] 2008

KLEIN, CHRISTIAN; MARTINEZ, MATÍAS (Hrsg.): *Wirklichkeitserzählungen. Felder, Formen und Funktionen nicht-literarischen Erzählens*. Stuttgart, Weimer [J.B.Metzler] 2009

KRASTEV, IVAN; HOLMES, STEPHEN: *Das Licht, das erlosch. Eine Abrechnung*. Berlin [Ullstein] 2019

KRAUS, WOLFGANG: *Das erzählte Selbst. Die narrative Konstruktion von Identität in der Spätmoderne*. Herbolzheim [Centaurus] 2000

LANIER, JARON: *Wem gehört die Zukunft? »Du bist nicht der Kunde der Internetkonzerne. Du bist ihr Produkt«*. Hamburg [Hoffmann und Campe] 2014

LÁSZLÓ, JÁNOS: *The Science of Stories. An Introduction to Narrative Psychology*. London, New York [Routledge] 2008

LEGGEWIE, CLAUS: »Erinnerte am Ende eher an eine Sekte«. Interview mit Claus Leggewie. In: *Brand Eins*, 22. Jg., Heft 2, 2020, S. 74-77

LOTMAN, JURIJ M.: *Die Struktur des künstlerischen Textes* (2. Auflage). Frankfurt/M. [Suhrkamp] 2015

LUDWIG, OTTO: *Zwischen Himmel und Erde*. Stuttgart [Reclam] 1977

LÜSCHER, JONAS: *Ins Erzählen flüchten. Poetikvorlesung*. München [C.H.Beck] 2020

LYOTARD, JEAN-FRANÇOIS: *Das postmoderne Wissen. Ein Bericht* (7. Auflage). Wien [Passagen] 2012

MONBIOT, GEORGE: *Out of the Wreckage. A New Politics for an Age of Crisis*. London, New York [Verso] 2017

MEADOWS, DENNIS et al.: *Die Grenzen des Wachstums. Bericht des Club of Rome zur Lage der Menschheit*. Stuttgart [DVA] 1972

MÜLLER, MICHAEL; GRIMM, PETRA: *Narrative Medienforschung. Einführung in Methodik und Anwendung*. Konstanz [UVK] 2016

MÜLLER, MICHAEL; PRECHT, JØRN (Hrsg.): *Narrative des Populismus. Erzählmuster und -strukturen populistischer Politik*. Wiesbaden [Springer VS] 2019

MÜLLER, MICHAEL: Narrative, Erzählungen und Geschichten des Populismus. Versuch einer begrifflichen Differenzierung.

In: MÜLLER, MICHAEL; PRECHT, JØRN (Hrsg.): *Narrative des Populismus. Erzählmuster und -strukturen populistischer Politik.* Wiesbaden [Springer VS] 2019, S. 1-10

PARISER, ELI: *The Filter Bubble. What the Internet Is Hiding from You.* London [Viking] 2011

PIKETTY, THOMAS: *Das Kapital im 21. Jahrhundert*. München [Beck] 2014

PRINCE, GERALD: *A Grammar of Stories*. The Hague, Paris [Mouton] 1973

RORTY, RICHARD: *Kontingenz, Ironie und Solidarität*. Frankfurt/M. [Suhrkamp] 1992

ROSA, HARTMUT: *Resonanz. Eine Soziologie der Weltbeziehung*. Berlin [Suhrkamp] 2016

ROTH, GERHARD: *Fühlen, Denken, Handeln. Wie das Gehirn unser Verhalten steuert.* Frankfurt/M. [Suhrkamp] 2003

SARBIN, THEODORE R. (Hrsg.): *Narrative Psychology. The Storied Nature of Human Conduct.* Westport, London [Praeger] 1986

SCHAPP, WILHELM: *In Geschichten verstrickt. Zum Sein von Mensch und Ding* (4. Auflage). Frankfurt/M. [Klostermann] 2004

SCHILLER, FRIEDRICH: *Etwas über die erste Menschengesellschaft nach dem Leitfaden der mosaischen Urkunde.* In: Sämtliche Werke. Vierter Band (6. Auflage). München [Hanser] 1980

SELKE, STEFAN: *Lifelogging. Wie die digitale Selbstvermessung unsere Gesellschaft verändert*. Berlin [Econ] 2014

SNYDER, BLAKE: *Save the Cat! The Last Book On Screenwriting That You'll Ever Need.* Studio City [Michael Wiese] 2005

SOLNIT, REBECCA: *Whose Story Is This? Old Conflicts. New Chapters.* London [Granta] 2019

SOMMER, ANDREAS URS: *Werte. Warum man sie braucht, obwohl es sie nicht gibt*. Stuttgart [J.B. Metzler] 2016

SOTTONG, HERMANN; MÜLLER, MICHAEL: *Zwischen Sender und Empfänger. Eine Einführung in die Semiotik der Kommunikationsgesellschaft*. Berlin [Erich Schmidt] 1998

TONNINGER, WOLFGANG; BRÄU, UDO: *Wegmarken im Möglichkeitenland. Wie der narrative Zugang Menschen und Unternehmen beweglicher macht.* Heidelberg [Carl Auer] 2016

WEHLING, ELISABETH: *Politisches Framing. Wie eine Nation sich ihr Denken einredet – und daraus Politik macht.* Köln [Herbert von Halem] 2016

WHITE, MICHAEL (2010): *Landkarten der narrativen Therapie.* Heidelberg [Carl Auer] 2010

MARCO BERTOLASO

Rettet die Nachrichten!
Was wir tun müssen,
um besser informiert zu sein

Schriften zur Rettung des öffentlichen Diskurses, 6

2021, Broschur, 190 x 120 mm, dt.

ISBN (Print) 978-3-86962-493-8
ISBN (PDF) 978-3-86962-494-5
ISBN (ePub) 978-3-86962-520-1

Wir müssen uns dringend um die Nachrichten kümmern. Demokratie, Rechtsstaat und individuelle Freiheiten wird es ohne verlässliche Information nicht mehr geben. Sie vertragen kein ›postfaktisches‹ Verschwimmen von Wahr und Falsch. Der westliche Nachrichtenjournalismus steckt in der Krise, auch wegen eigener Fehler. Wenige Großkonzerne beherrschen die neue digitale Informationslandschaft. Ihre Algorithmen sind an Umsatz und Ertrag ausgerichtet. Sie begünstigen Konflikt und Krawall, nicht Austausch und Achtung. Autoritäre Staaten operieren erfolgreich mit den neuen Kommunikations- und Kontrollmöglichkeiten. Die Corona-Krise hat all dies deutlich ans Licht gebracht und sie hat gezeigt, dass der Nachrichtenjournalismus einen Neuanfang braucht. Redaktionen müssen sich hinterfragen, aus Fehlern lernen und ihre Arbeit öffentlich zur Diskussion stellen. Gefordert sind aber genauso Politik, Wirtschaft, Verbände und die gesamte Gesellschaft. Wir alle sind in der Verantwortung, wenn wir die Nachrichten retten wollen.

HERBERT VON HALEM VERLAG

Schanzenstr. 22 · 51063 Köln
http://www.halem-verlag.de
info@halem-verlag.de